EL DICCIONARIO SOBRE LOS DEMONIOS

VOLUMEN **UNO**

UNA EXPOSICIÓN DE PRÁCTICAS

CULTURALES, SÍMBOLOS, MITOS

Y DOCTRINA LUCIFERINA

KIMBERLY DANIELS

CASA CREACIÓN
Para vivir la Palabra

Para vivir la Palabra

MANTÉNGANSE ALERTA;
PERMANEZCAN FIRMES EN LA FE;
SEAN VALIENTES Y FUERTES.
—1 CORINTIOS 16:13 (NVI)

El diccionario sobre los demonios, volumen uno por Kimberly Daniels
Publicado por Casa Creación
Miami, Florida
www.casacreacion.com
©2013, 2020 Derechos reservados

Library of Congress Control Number: 2013943673
ISBN: 978-1-62136-427-6
E-book ISBN: 978-1-62136-433-7

Desarrollo editorial: *Grupo Nivel Uno, Inc.*
Diseño interior: *Grupo Nivel Uno, Inc.*

Publicado originalmente en inglés bajo el título:
    The Demon Dictionary, Volume One;
    por Charisma House, A Charisma Media Company
    Copyright © 2013 Kimberly Daniels
    All rights reserved

Visite la página web de la autora: www.kimberlydanielsministries.com

A menos que se indique lo contrario, el texto bíblico ha sido tomado de la versión Reina-Valera © 1960 Sociedades Bíblicas en América Latina; © renovado 1988 Sociedades Bíblicas Unidas. Utilizado con permiso. Reina-Valera 1960™ es una marca registrada de American Bible Society, y puede ser usada solamente bajo licencia.

La grafía y significado de los términos hebreos y griegos corresponden a la *Nueva concordancia exhaustiva de la Biblia de Strong*, de James Strong, Editorial Caribe, 2003. Usada con permiso.

Nota de la editorial: Aunque el autor hizo todo lo posible por proveer teléfonos y páginas de Internet correctas al momento de la publicación de este libro, ni la editorial ni el autor se responsabilizan por errores o cambios que puedan surgir luego de haberse publicado.

Impreso en Colombia

21 22 23 24 25 NMS 9 8 7 6 5 4 3 2 1

Cómo utilizar este libro

BIENVENIDO AL PRIMER volumen de *El diccionario sobre los demonios*, su recurso esencial para comprender los términos, nombres, gente y lugares que se relacionan con los demonios, la actividad oculta, y la cultura sectaria. En lugar de compilar una larga lista de la A a la Z, Kimberly Daniels ha organizado *El diccionario sobre los demonios* en capítulos temáticos que lo ayudarán a comprender mejor qué tipo de espíritu demoníaco está usted investigando. Dentro de cada capítulo encontrará una lista alfabética de la terminología y sus correspondientes explicaciones.

Comience su estudio remitiéndose a la tabla de contenido para reducir su búsqueda por categoría, y luego vaya al capítulo correspondiente para buscar un término específico y descubrir su definición.

Ya sea que su experiencia y conocimiento de cómo tratar con los demonios esté en las etapas iniciales o en un nivel más avanzado, prepárese para ser sorprendido por el contenido de este libro. Creemos que contiene información que no ha sido publicada nunca. Esperamos que esta completa e ineludible guía de referencia se convierta en una poderosa herramienta de su arsenal para exponer y derrotar las obras de las tinieblas.

—LOS EDITORES

Contenido

N

O PODEMOS NEGAR que en la vida debemos lidiar con el demonio. Hay dos caminos para vivir en el espíritu. Juan 10:10 describe esos caminos:

> El ladrón no viene sino para hurtar y matar y destruir; yo he venido para que tengan vida, y para que la tengan en abundancia.[a]

1. En un camino el diablo viene a robar, matar y destruir.
2. En el otro camino, Jesús viene a darnos vida. La palabra "vida" es *zoé*, y significa: "la clase de vida de Dios" o "vida abundante".

Tercera de Juan 2-3 es la escritura fundamental para esta verdad. Dice:

> Amado, yo deseo que tú seas prosperado en todas las cosas, y que tengas salud, así como prospera tu alma. Pues mucho me regocijé cuando vinieron los hermanos y dieron testimonio de tu verdad, de cómo andas en la verdad.[b]

Note que en los dos pasajes listados arriba hay gran potencial. En otras palabras, la vida abundante y la prosperidad para los creyentes no son necesariamente automáticas. No se nos presentan en una bandeja de plata. Es por eso que la fe sin obras está muerta.

Hemos oído numerosos sermones sobre ganar el mundo y perder la propia alma. Desearía hablar un poco más sobre el pasaje de la Escritura de 3 Juan 2-30. La palabra clave es prosperar. Note que así como Juan 10:10 advierte que los creyentes "pueden tener vida",[a] este pasaje dice que nosotros "podemos prosperar".[b] La vida abundante y la prosperidad no caen del cielo y nos dan en la cabeza solo porque repitamos la oración del pecador.

La palabra griega para "prosperar", *euodóo*, significa "ayudar en el camino, lograr alcanzar y triunfar en los negocios". En otras palabras, Dios sabe que no nos resultará fácil caminar por fe, y *euodóo* nos promete *ayuda en el camino*. ¡Gloria a Dios! Esta es la ayuda que necesitamos porque no somos perfectos, y cometeremos errores en la vida. Es entonces cuando la bondad y misericordia nos siguen por el camino y entran en juego. Lo llamo *el bendecido camino de la promesa*.

La palabra *euodóo* se puede dividir en dos partes:

1. *Eu* (# 2095 de Strong): ser bueno o "bien hecho".
2. *Jodós* (# 3598): Estar en una ruta de progreso o siguiendo una idea o haciendo un viaje, camino natural o modo de vida o conducta próspero.

En resumen, aunque esté atravesando ciertos desafíos en su vida, la prosperidad será su amiga si usted está en la ruta correcta: la ruta de la promesa. Este camino será natural para usted sin esfuerzo, y le demandará llevar un estilo de vida o patrón de conducta que agrade a Dios. También, cuando todo esté dicho y hecho, usted habrá ganado no solo las riquezas de este mundo, sino la bienaventuranza eterna que al final le permitirá pararse ante Dios y oír: "¡Bien hecho, siervo y fiel!". Usted no va a ganar el mundo a costa de perder su alma.

Anímese si se ha salido de orden; siempre que usted *confiese* será *bendecido*. No hay condenación para los que están en Jesús. ¡Mientras permanezcamos en el camino correcto de la vida, y con el temor que provoca el ángel del destino que va delante de nosotros, *vamos a prosperar*!

Mientras tanto, debemos tener un buen conocimiento práctico del hecho de que tanto el bien como el mal existen. En el mundo del ocultismo el nombre para "bien y mal" es *yin yang*, y se basa en el principio de que ambos reinos realmente existen. Creer que solamente hay ángeles es una doctrina falsa, y centrarse solamente en los demonios es una obsesión peligrosa. ¡Dios es el Creador de todo! Es un principio que a muchos les resulta difícil de captar, pero Dios creó al diablo. El diablo es un ser creado, Dios es el Creador de todo lo que existe. No importa cuánto mal haya en el mundo, el poder de Dios es mayor. No importa cómo se vean las cosas en el mundo en que vivimos hoy, *Dios está al mando*, y Él tiene la última palabra. Él es el Alfa y la Omega.

Pedro lo resume así:

Sed sobrios, y velad; porque vuestro adversario el diablo, como león rugiente, anda alrededor buscando a quien devorar; al cual resistid firmes en la fe, sabiendo que los mismos padecimientos se van cumpliendo en vuestros hermanos en todo el mundo. Mas el Dios de toda gracia, que nos llamó a su gloria eterna en Jesucristo, después que hayáis padecido un poco de tiempo, él mismo os perfeccione, afirme, fortalezca y establezca. A él sea la gloria y el imperio por los siglos de los siglos. Amén.

—1 Pedro 5:8-11

Seis importantes puntos

1. Sea bien equilibrado. Debemos saber que tanto el bien como el mal existen.
2. Esté alerta y sea prudente en todo momento. Debemos velar y orar. Al mirar, debemos saber qué buscar. Nuestro discernimiento espiritual debe ser aguzado para saber reconocer la presencia de Dios, y para evitar las falsificaciones. Hay muchos falsos profetas y anticristos en la tierra. Recuerde que las falsificaciones vienen

como ángeles de luz, que lucen como si fueran reales. Además, para todo lo que Dios tiene el diablo tiene una falsificación. Él toma las cosas de Dios y las pervierte.

3. El diablo es su enemigo. Si usted ha sido creado a imagen de Dios, tómelo personalmente: él lo odia.

4. Él recorre toda la tierra en busca de los ignorantes, los débiles, los incrédulos o los rebeldes, para tragárselos enteros y aniquilarlos totalmente.

5. La fe viene por el oír la Palabra de Dios y el conocer la verdad. Una vez que usted se ha arraigado y cimentado en la verdad, los engaños, las mentiras y asaltos del diablo no lo podrán mover de su firme fundamento.

6. Donde abunda el pecado, la gracia abunda mucho más. No importa cuánto domine el mal, Jesús tiene todo el poder ¡para siempre!

Primera de Pedro 5 describe a un enemigo que "anda como león rugiente, buscando a quien devorar". Esta palabra "devorar" es *katapíno* en griego, y significa "tragar entero". Tragar espiritualmente *entera* a una persona es uno de los mayores ataques de brujería contra un ser humano. Es una práctica común en la Santería y en la brujería Yoruba. Significa destruir todas las áreas de la vida de una persona a quien Dios llamó a prosperar. ¿Cuáles son esas áreas? Se las puede observar fácilmente comprendiendo la palabra hebrea para salvación: *Yeshúa*, "Jesús". Jesús prometió las siguientes bendiciones a quienes lo invocan, y el enemigo busca destruir estas bendiciones y evitar que el creyente experimente la salvación completa a través de Jesús:

- Liberación
- Ayuda
- Victoria
- Prosperidad
- Salud
- Socorro
- Bienestar

Creo que solo a través de la salvación en Jesucristo usted puede recibir todo lo que necesita en la vida para tener éxito. La palabra *salvación* literalmente significa: "Jesús". ¡*Hay* poder en el nombre de Jesús! Sin Él usted siempre estará perdido.

Entonces, ¿a quién puede devorar el diablo? Él puede devorar a todo el que ignora sus estratagemas o maquinaciones. Satanás puede tomar ventaja de nosotros si ignoramos sus maquinaciones (2 Corintios 2:11). La palabra "maquinación" es *nóema* en lengua griega, y se define como: "Conocer literalmente la mente y disposición del diablo o la forma en que planea, piensa y opera a través de la oscuridad".

Efesios 6:13-14 nos dice que debemos ponernos toda la armadura de Dios para poder estar firmes contra las asechanzas del enemigo en el día malo. Mi libro ¡*Devuélvelo!* tiene una enseñanza en profundidad sobre toda la armadura de Dios. La palabra "artimañas" es *medsodeía* en griego, y se define como: "El engaño o los métodos mentirosos del enemigo cuando espera atacar su presa".

Así que está claro que:

- El demonio tiene una determinada manera (método) para hacer todo.
- Es paciente y espera hasta el momento oportuno para atacar.
- Dios no sólo quiere que conozcamos las cosas que el diablo usa (dispositivos), sino también la forma (artimañas) en que los utiliza.

El diccionario sobre los demonios da a los creyentes *inteligencia espiritual secreta* sobre el diablo que va tan lejos como para revelar *cómo piensa nuestro enemigo.* No podemos conocer la mente de Cristo, pero *podemos tener* la mente de Cristo. A través de la Palabra de Dios, Él nos da una visión de cómo piensa el enemigo, así que podemos adelantarnos en el juego y demostrar más inteligencia que él. Mientras lee este libro, ¡yo profetizo que usted tiene la mente de Cristo!

Tómelo y póngase de acuerdo conmigo en esta oración por la victoria sobre el mal antes de que *El diccionario sobre los demonios* lo lleve a la escuela del Espíritu Santo sobre la oscuridad.

Oración por la victoria sobre el mal

Dios Padre, en el nombre de tu Hijo, Jesús, me pongo toda la armadura de Dios (Efesios 6:13):

El yelmo de la salvación cubre mi mente así que voy a mantener mi salvación. La coraza de justicia cubre mi corazón así que voy a tener un corazón limpio y el espíritu correcto. El cinturón de la verdad cubre mis lomos contra las mentiras del enemigo. Mis pies están calzados con el apresto del evangelio de Jesucristo, así que voy a ser capaz de ganar almas. En una mano llevo la espada del Espíritu, que es mi arma ofensiva contra el mal. En la otra mano tengo el escudo de la fe, que es mi defensa contra el mal. Dondequiera que voy estoy orando en el espíritu, hablándole misterios a Dios y desarrollando mi santísima fe.

Confieso lo que la palabra del Señor declara sobre mi vida respecto al mal.

- *Andaré con prudencia, no como necio sino como un hombre (mujer) sabio, aprovechando bien el tiempo, porque los días son malos (Efesios 5:15-16).*
- *Soy bendecido cuando los hombres hablan toda clase de mal contra mí falsamente (Mateo 5:11).*
- *Mi comunicación nunca será más que sí o no para que el mal no salga de mi boca (Mateo 5:37).*
- *Renuncio a todo el mal que está tratando de penetrar por las puertas de mis ojos y los portones de mis oídos para que mi cuerpo no se llene de oscuridad (Mateo 6:23).*
- *Declaro que soy un buen árbol y no puedo dar fruto malo. Mis raíces son santas y mi fruto es santo. Esta es mi promesa de primicias para Dios (Mateo 7:17).*
- *Renuncio a la generación de víboras e hipócritas que hablan cosas buenas, pero teniendo el mal en sus corazones (Mateo 12:34).*

- *Un hombre malo saca cosas malas del mal tesoro, pero como soy un buen hombre, saco buenas cosas de mi buen tesoro* (Mateo 12:35).
- *No busco señales, como una generación malvada y adúltera* (Mateo 12:35).
- *Cubro mis pensamientos con la sangre de Jesús; mi corazón no producirá malos pensamientos. No voy a ser contaminado* (Mateo 15:19).
- *Voy a evitar tener un ojo malo. Los ojos malvados odian lo bueno. Amo lo que es bueno y me mantengo alejado de los hombres que odian lo bueno, porque tienen ojos malvados* (Mateo 20:15).
- *Soy bendecido cuando los hombres me odian hasta el punto de separarse de mí. Cuando me reprochan y mi nombre es vituperado como malo, la bendición me espera y me controla* (Lucas 6:22).
- *Las personas que hacen el mal odian la luz. Padre, libera la luz para que cuando hago la verdad ella salga a la luz y manifieste el hecho de que tú me has enviado* (Juan 3:20).
- *Jesús testificó que las obras del mundo son malas. Renuncio a las obras malas del mundo. Soy un hijo del rey, heredero de Dios y coheredero con Cristo* (Juan 7:7).
- *Me separo de las personas que tienen mentes que urden el mal contra mis hermanos y hermanas en el Señor* (Hechos 14:2).
- *Los espíritus de anticristo de lujuria y perversión inventan nuevos males. Padre, me separo de estos espíritus para no ser un fabricante de maldad. Una de las cosas que odio es un corazón que fabrica maldades* (Romanos 1:30).
- *Entrego todas las personas que hacen mal contra mí al Señor. Tribulación y angustia vendrán sobre las almas de los hombres que hacen lo malo* (Romanos 2:9).
- *Ato el mal que siempre está presente cuando trato de hacer el bien* (Romanos 7:21).

- *Odiaré el mal y siempre me aferraré a lo que es bueno* (Romanos 12:9).
- *No voy a devolver mal por mal…Sino que procuraré lo bueno ante los ojos de todos. No voy a devolver mal por mal, sino que lo venceré con el bien* (Romanos 12:17, 21).
- *Padre, te pido que me fortalezcas para no hacer cosas que den lugar a que lo bueno que hago sea vituperado* (Romanos 14:16).
- *Renuncio a la concupiscencia de los ojos, que viene con el orgullo de la vida. Padre, tu Palabra declara que no debemos codiciar las cosas del mundo, y someto mis miembros a esa verdad* (1 Corintios 10:6).
- *No seremos engañados. Yo entiendo que las malas conversaciones corrompen las buenas costumbres. Todo hábito, adicción, y ciclo demoníaco que ha venido en mi vida a través de malas conversaciones es cauterizado desde la raíz cuando mi boca confiesa la Palabra de Dios* (1 Corintios 15:33).
- *Recibo el Señorío de Jesucristo en mi vida. Él se dio a sí mismo por mis pecados, para que yo sea librado de la presente maldad del mundo* (Gálatas 1:4).
- *Dios ha redimido el tiempo, porque los días son malos. El tiempo está trabajando para mí y no contra mí a causa de la redención que recibo en Jesús* (Efesios 5:16).
- *Voy a cuidarme de los malos obreros (perros) de la mutilación, y separarme de ellos, que mutilan la Palabra de Dios para su propio bien. Soy un hijo de la circuncisión* (Filipenses 3:2).
- *En el nombre de Jesús, me comprometo a no devolver a nadie mal por mal. En cambio voy a seguir lo que es bueno entre nosotros y para todos los hombres, para siempre, ¡amén!* (1 Tesalonicenses 5:15).

Introducción

CUANDO EMPECÉ A hacer guerra espiritual yo no conocía a nadie que hiciera la guerra en el nivel que Dios me requería. Ordenábamos a los demonios que salieran de la gente de una manera inespecífica. No entendíamos los principios del hombre fuerte, ni si los demonios tenían nombres además de *diablo* y *Satanás*. Durante cierto tiempo empecé a tener experiencias sobrenaturales con el otro lado. Dios permitió que los demonios se me revelaran de muchas maneras diferentes. Para resumir mi experiencia, conocí a los demonios sobre los que comencé a enseñar.

Aprendí las definiciones de esta introducción a través de un viaje espiritual que el Señor me permitió hacer cuando conocí a estos espíritus veinte años atrás. A partir de esta experiencia Dios me ha bendecido para ser autora del material que usted está por leer: *El diccionario sobre los demonios*.

Muchos líderes de la iglesia no quieren tratar con las cosas que se relacionan con el diablo. Dios es el Creador de todo. Él hizo a los ángeles, y cuando uno de sus arcángeles cayó en desgracia, un tercio de los ángeles del cielo lo siguieron. Por esta causa, hay hordas de demonios en la tierra, debajo de la tierra, bajo el agua y en el aire que odian a Dios y a quienes lo sirven. No doy gloria a demonios ni presto al diablo demasiada atención. Por otra parte, a los creyentes se les manda conocer las artimañas de las tinieblas (Efesios 6:11) y no ser ignorantes de las maquinaciones del diablo (2 Corintios 2:11).

Muchas personas tienen miedo de ir al campamento del enemigo para recuperar lo que les ha robado. Dedico este libro a esas personas. Yo me complazco en ir al campo del enemigo y traer esta información de vuelta a nuestro campamento.

El diccionario sobre los demonios incrementará su vocabulario espiritual, lo dotará de municiones para sus armas de guerra y traerá luz a las áreas de su vida que el enemigo quiere seguir manteniendo en la oscuridad. Esta luz representa la revelación. Una gran cantidad de información de este diccionario se ocupa de lo oculto. La palabra *oculto* significa "secreto". Muchas personas se mantienen en cautiverio por causa de secretos. Este diccionario es un recurso poderoso para todo el mundo, seguramente todo creyente debería tener una copia en su biblioteca.

Que las bendiciones del Señor fluyan hacia usted y tomen control de su vida a medida que estudia este diccionario.

Términos y definiciones

Los términos y definiciones que usted encontrará en las restantes páginas de esta introducción son los primeros términos con los que me familiaricé cuando Dios me llamó a un ministerio de liberación. Los incluyo aquí para que usted pueda ver cómo el Señor comienza a prepararnos para la guerra espiritual cuando nos llama a este ministerio especial. Estos términos básicos me permitieron confrontar a Satanás en su propio *terreno*, y comenzar el trabajo de *arruinar demonios* para liberar a muchos y para romper el dominio que Satanás tenía sobre las personas a las que Dios me envió.

ardid
Un truco seductor del enemigo

canto
Repetición monótona de una serie de sílabas o palabras.

conjuro
Frases o fórmulas habladas, cantadas o entonadas como un ritual para enviar maldiciones.

cristalomancia
Adivinación por la bola de cristal, lo que induce un tipo de hipnosis que hace que la persona tenga visiones en el cristal. Esto se puede hacer usando agua, espejos, o un objeto transparente.

embrujo
Estar bajo el poder o influencia de la Wicca (bruja) a través de la fascinación o mediante el envío de un maleficio o una enfermedad. Estrechamente relacionado con encantamiento: encantamiento es el *acto*, pero el embrujo es el *efecto* del acto sobre una persona.

encantamiento
Encantar o capturar la mente de una persona hasta el punto de encantamiento o fascinación; cegar o distraer de la verdad.

hombre natural
Hombre natural es el nombre ocultistas usado para las personas que son *engañadas por los sentidos físicos*, y son presa de creencias erróneas y no inmunes a la enfermedad física de la carne. Sólo pueden "caminar" por lo que ven.

invocación
Convocar a los demonios.

maleficio
Un hechizo que tiene la intención de traer desgracia o provocar fracasos en todas las áreas.

presagio
Una cosa o evento considerado como un signo de futura buena o mala suerte.

ritual
Un servicio o forma de adoración para una convicción firmemente sostenida; la observancia de los ritos, reglas o formalidades de grupos organizados.

palabra espermática

La fuerza creativa de la palabra hablada, que libera semillas para reproducirse; una palabra que contiene vida, lo mismo que un *semillero*.

proyección astral

La proyección astral ocurre cuando el cuerpo físico (bruto) permanece en estado latente y el espíritu del cuerpo (astral) viaja o es proyectado sobrenaturalmente. Este estado se lleva a cabo a través de un trance mediúmnico; el cuerpo astral es un tipo de ectoplasma (una variable sustancia luminosa) que emana del cuerpo del viajero. El ectoplasma es considerado por los espiritistas como la materialización del cuerpo astral.

vejar

Irritar, causar, o agitar de manera mezquina o persistente.

Vudú africano

El vudú se practica en todo el mundo, pero es muy dominante en Haití. El vudú combina elementos del catolicismo romano y las religiones tribales de África occidental (sobre todo de Benín). Elementos del catolicismo romano en el vudú son el uso de velas, campanas, cruces y las prácticas del bautismo y de hacer la señal de la cruz. Los cultos vudú veneran a:

- *Bon Dieu* (un término que significa "buen Dios")
- Los antepasados
- Los muertos
- Los gemelos (arraigado en la veneración de los gemelos divinos)
- Espíritus llamados *Loa* (que pueden variar de secta a secta). Durante la adoración, el Loa poseerá el cuerpo de uno o más de los practicantes.

Descripción de los espíritus en guerra

anticristo
Cualquier espíritu que es antagónico a la Palabra, o a las cosas de Dios.

asesinato
Causar daño o arruinar con la intención de matar. Un asesino, por lo general contratado, que golpea de repente y sin previo aviso.

cantrip
Artimaña de una bruja; en Gran Bretaña se llama *Hocus Pocus*; un manto de engaño o un juego de manos.

difamación
Atacar el carácter de una persona mediante calumnias y acusaciones, arruinando con ello su credibilidad.

encantamiento
Encanto muy importante mediante poder engañoso o falso; usado por los magos a través de la imaginería y la magnificación.

engaño
Astucia, malicia, artimaña; asumir el carácter de Satanás tratándose de negocios y de la vida.

espíritu criticón
Encontrar chivos expiatorios en personas, lugares o cosas para pasarles los defectos, pecados o faltas de otro.

espíritu de Acab
El espíritu que viene sobre el liderazgo para hacer que ande en los caminos de los impíos y para volver los corazones de la gente hacia la idolatría; este espíritu no solo congenia con Jezabel, sino que también está en total acuerdo con las obras y con el espíritu de Jezabel.

espíritu de adivinación

Un espíritu de adivinación que da a la persona la capacidad sobrenatural de saber cosas sobre el pasado, presente y futuro por influencia demoníaca.

espíritu de Balaam

Espíritu del falso profeta; prepondera especialmente en relación con la adivinación por ganancia.

espíritu de bloqueo

Un espíritu de obstaculización o dificultad colocado en la trayectoria directa del propósito de Dios para frustrar, irritar o hacer difícil.

espíritus de brujería

Espíritus de rebelión que hacen que una persona opere en un poder ajeno a la esfera del Dios vivo y verdadero.

espíritu de Caín

El espíritu que hace que el pueblo de Dios se maten unos a otros con motivaciones profundas de codicia, envidia y avaricia.

espíritu de confusión

Un espíritu que causa desconcierto y perplejidad para que la verdad no quede en claro.

espíritu de Coré

Un espíritu que causa rebelión contra el liderazgo con el objetivo final de amotinar a las masas.

espíritu de la naturaleza

Espíritus que causan que el hombre herede una dependencia del poder de la naturaleza; casi todos los antiguos dioses fueron personificaciones de poderes de la naturaleza. Las brujas oran y hacer sacrificios a los dioses de la tierra, el viento, el fuego y el agua.

espíritu de litigio

Un espíritu polémico que por lo general tiene que tener la última palabra, o probar una postura; es fácilmente atraído por las batallas legales.

espíritu del mago
Un brujo principal o excepcionalmente dotado; muy inteligente y un maestro artesano.

espíritu de muerte
Muerte física o espiritual del hombre; esta cobró existencia por la desobediencia en el jardín del Edén.

espíritu de superstición
Cualquier creencia, práctica o rito que depende de la magia, el azar, o el dogma. Creer en la suerte es ser supersticioso. Pedir un deseo al apagar velas de cumpleaños o lanzar monedas en un pozo de los deseos es superstición.

espíritu gobernante
Kosmokrátor o gobernante mundial: este espíritu se pone en contacto directo con las personas, las familias y los barrios en función de su asignación territorial.

espíritu guerrero
Un espíritu instigador que incita el antagonismo entre partes para abrir una brecha en las relaciones amistosas.

espíritu observador
Guardias con áreas específicas para proteger; son informantes fijos y envían información a los demonios de alto rango por espíritus exploradores; su meta es mantener el territorio y no ser movidos a ningún precio.

espíritu seductor
Engañar; despojar o timar; distorsionar el propósito.

espíritus exploradores
Espíritus que viajan y transportan información a través de las filas demoníacas; son espíritus de reconocimiento y exploración.

espíritus espías
Un tipo de espíritu familiar que opera mediante la clariaudiencia (la habilidad psíquica de escuchar más allá de la capacidad o experiencia ordinaria).

exousía

Los espíritus de poder de rango demoníaco. Ellos son el FBI y la CIA de los demonios. Hacen que las cosas sucedan cuando todo lo demás falla. Todo soldado espiritual de primera línea debe estar preparado para enfrentar un ataque de *exousía*.

ideación

Una idea fija u obsesión.

imaginería

Imaginería es la producción mental de imágenes o sonidos a través de percepciones erróneas que surgen de la tergiversación. Está estrechamente relacionado con la alucinación, que es divagación mental. Las imaginería es la base de maldiciones enviadas por brujería contra el creyente nacido de nuevo. Solo es real si la recibimos como tal. En realidad Jesús tiene todo el poder, y Satanás tiene que operar en una autoridad falsificada. El diablo ha sido despojado de todo poder, y se nos ha dado a nosotros.

Jezabel

Un espíritu que opera con *poder absoluto*; el control y la manipulación son su fundamento. Todo lo que quedó de la Jezabel bíblica después que los perros la devoraron fueron tres partes de su cuerpo:

- **Manos:** para detener el trabajo
- **Pies:** para dirigir los pasos
- **Cara:** para controlar la mente

juicios de brujas y brujos

Los juicios tienden a vincular las sentencias con el ordenamiento de los pasos del pueblo de Dios (por oposición demoníaca).

ligadura

Atar juntos con un lazo o cuerda. Los demonios suelen operar en grupos de tres. Eclesiastés 4:12 dice que un cordón de tres dobleces no se rompe pronto.

locución mental

Palabras dichas a la mente en un estilo estratégico para un propósito específico.

magnificación

Hacer que algo parezca más grande de lo que realmente es. Cuando Lucifer se rebeló contra Dios, él declaró: "Tú que decías en tu corazón: Subiré al cielo; en lo alto, junto a las estrellas de Dios, levantaré mi trono sobre las alturas de las nubes subiré, y seré semejante al Altísimo" (Isaías 14:13-14). Desde entonces vaga alrededor como un león rugiente. Él viene como una inundación, tratando de elevar su estatus y aumentar e intensificar su poder a cualquier precio. El espíritu de magnificación pone una lupa sobre él. Al final, Dios quitará esta lupa. Como dice la Escritura, los reyes se preguntarán: "¿Es este el hombre?" (Isaías 14:16).

maldición autoinfligida a través de la confesión negativa

Palabras habladas fuera de la voluntad de Dios que causan resultados mortales.

magia blanca

Magia que cree hacer el bien o trabajo a favor de una persona.

magia con velas

Trabajo de magia con velas de diferentes colores; el color de las velas usadas causa efectos especiales; por lo general se utiliza con conjuros (ejemplo: vela para cegar la mente).

magia contagiosa

Magia basada en la creencia de que las cosas que una vez estuvieron en contacto siguen teniendo influencia una sobre otra tras su separación. Se cree que la realización de ritos de magia negra sobre cabellos, uñas y otras pertenencias personales puede dañar a una persona.

Se llama *fetichismo* al acto de maldecir objetos por el cual se asignan y unen espíritus a objetos, prendas de vestir, etc. El diablo tiene en el lado oscuro una falsificación de todo lo que Dios tiene del lado de la luz. Por ejemplo, Pablo envió unción en los paños para sanar y liberar; Satanás hace lo mismo para maldecir.

magia negra

Magia enviada por propósitos malvados, efectiva en última instancia por la conjura de demonios.

pitón

Espíritu de adivinación que operaba en la mujer con espíritu de adivinación; el espíritu pitón es un bien conocido enemigo de las finanzas de los hijos de Dios. Al igual que el reptil natural, saca lentamente la vida de su víctima. Una de las principales maneras de detectar la presencia de este espíritu es cuando se permite que el dinero salga, pero hay obstáculos en el camino para que venga. (La serpiente pitón hace lo mismo con el aliento de sus víctimas en el mundo natural).

poción mágica

Líquidos, aceites y pociones utilizados para lanzar hechizos. Un aceite muy popular utilizado para hacer que un cónyuge abandone su pareja es, "Aceite ven a mí". La persona que está trabajando la maldición lleva el aceite, y se supone que atrae a la víctima para que sea hostigado.

tercer ojo

La avenida espiritual por el cual los adivinos ven en el reino espiritual. A través de la infiltración demoníaca Satanás abre un tercer ojo en el reino espiritual para que puedan ver lo que ellos no pueden ver con sus ojos naturales. En el espíritu este ojo se coloca en medio de la frente de la persona, pero algunas brujas y brujos se han hecho tatuar un ojo en la frente. Este ojo está estrechamente relacionado con el *ojo que todo lo ve* del billete de un dólar, que es el mismo ojo que es el símbolo de las logias masónicas. Estas representaciones demoníacas del *conocimiento* son muy engañosas para el usuario. Aunque tienen poder y pueden ver algunas cosas, solo el Dios Altísimo es omnisciente. Al hacer la guerra contra este tipo de oscuridad, debemos *cegar el tercer ojo*. En el ámbito natural, algunas personas consideran que tienen un sexto sentido o percepción extrasensorial, que se llama *clarisintiencia* en el campo ocultista, e indica sensibilidad psíquica (la peculiar sensación de que algo está a punto de suceder, una *premonición*). La única manera en que debemos conocer cosas sobrenaturalmente es por el Espíritu Santo. Cualquier otra vía es demoníaca.

vana imaginación

Pensamientos sin sentido, ociosos y que se dirigen hacia un callejón sin salida, ya que tientan a un debate externo con la consideración interna de lo que se levanta contra el conocimiento de Dios; imaginación desperdiciada; este estado de ánimo hace un ídolo de la razón humana y en última instancia conduce a la muerte espiritual.

Otras definiciones

brujería

La brujería funciona fluidamente a través de los corazones sucios. El sexto capítulo de Proverbios enumera siete cosas que Dios odia: uno de ellos es un corazón que maquina pensamientos inicuos. David oró para que Dios le diera un corazón limpio y renovara en él un espíritu recto.

lugares altos celestiales

El lugar donde la actividad demoníaca opera en el segundo cielo.

lugares altos terrestres

Lugares altos que construyen hombres en el reino de la tierra. Ezequías derribó los lugares altos (*Nehustán*; 2 Reyes 18:4).

primer cielo

El cielo que incluye lo que se ve en el plano físico (sol, luna, estrellas). *Hupsos*: cielo, la atmósfera superior que se arquea sobre la tierra.

segundo cielo

La morada del príncipe de la potestad del aire, situado entre el primer y el tercer cielo. *Hupsoma:* fortaleza, altura que se levanta contra Dios.

tercer cielo

Donde reside el Dios Altísimo, los cielos de los cielos; salón del trono; *Hupsistos:* el más alto de los cielos; el más alto cielo.

Capítulo 1

Términos generales y definiciones

ESTE CAPÍTULO CONTIENE términos generales y definiciones relacionadas con el diablo y con sus prácticas y estrategias demoníacas.

abominación
Algo abominable; que produce extremo disgusto y odio. Viene de la palabra *abominable*; significa: "Que merece ser condenado o aborrecido".

Una abominación en un sentido bíblico es algo que provoca una ofensa espiritual, moral, religiosa, social o ceremonial y una impureza contra el Dios Altísimo. También es algo que distorsiona gravemente, tergiversa y pervierte la intención inicial de Dios hacia algo. Las imágenes y prácticas de paganismo e idolatría son abominables para Dios. Cuando se cometen abominaciones, se suelta una fetidez en el espíritu.

Ejemplos de abominaciones:
- Bestialismo
- Brujería
- Magia
- Espiritismo
- Ojos altivos
- Lengua mentirosa
- Derramamiento de sangre inocente
- Pensamientos inicuos
- Pies presurosos para correr al mal
- Testigo falso que habla mentiras
- El que siembra discordia entre los hermanos

Referencias escriturales: Levítico 18; Proverbios 6:16-19; Ezequiel 8.

aborto

La expulsión espontánea de un feto humano durante las primeras doce semanas de gestación; aborto inducido. El aborto no es sino *derramamiento de sangre inocente y sacrificio de niños*. El aborto está arraigado en el espíritu de *Moloc*. Moloc es el espíritu que gobierna sobre el aborto y camina de la mano con el espíritu de *Lilit*, que es el enemigo declarado de los recién nacidos. De acuerdo con el apóstol John Eckhardt la consecuencia del aborto puede incluir *depresión, culpa, enfermedad, miedo, condenación y tristeza constante* que se produce como resultado de lo que se conoce como un *vientre parturiento*. El gozo que normalmente se experimenta cuando nace un bebé también se aborta, y el resultado es un útero siempre dilatado con (la presencia de) el niño. La maldición de un vientre parturiento abre también la puerta para que entre *la maldición de Raquel*.

Todos los años en Estados Unidos aproximadamente 1.2 millones de bebés son asesinados con el pretexto de los derechos de la mujer. Esto es una abominación para el Señor y trae maldición sobre la tierra.

Referencias escriturales: Deuteronomio 19:10; 2 Reyes 15:16; 21:16; Isaías 13:16; 59:7; Lamentaciones 4:13; Oseas 13:16; Amós 1:13; Mateo 2:18.

agnóstico

Alguien que cree que cualquier realidad última (como Dios) es desconocida y probablemente incognoscible. En términos generales, un agnóstico es una persona que no se compromete a creer en la existencia o la no existencia de Dios o de un dios.

Un ejemplo de esto en la Biblia es cuando Pablo estaba en Atenas y encontró un altar con la inscripción: "Al Dios no conocido". La palabra griega para *desconocido* es *agnostos*, de la cual deriva nuestra palabra *agnóstico*.

Referencias escriturales: Hechos 17:23.

agonía

Dolor intenso de la mente o del cuerpo, angustia, tortura; la lucha que antecede a la muerte; una violenta lucha o disputa.

El espíritu de agonía está directamente relacionado con el ámbito del infierno, específicamente con el fuego que hay en el infierno. En el libro de Lucas el hombre rico pedía a gritos que mojaran su lengua con una gota de agua porque estaba en agonía por las llamas del infierno.

Referencia escritural: Lucas 16:24.

amargura

En el Antiguo Testamento la amargura era un símbolo de la dura esclavitud, miseria y ruina que sigue a la inmoralidad.

La Pascua debía ser comida con "hierbas amargas", que representaban la aflicción de la esclavitud de Egipto. Las aguas amargas de Mara eran "amargas", probablemente significando que eran saladas, de mar, salitrosas. Un "día amargo" era un tiempo de lamentación y duelo. "Una nación amarga" describía a los caldeos como un pueblo feroz, bélico que llevó miseria y destrucción a todos los lugares que alcanzó. En el Nuevo Testamento la "hiel de amargura" describe un deterioro espiritual—un corazón de gran perversidad—en Simón el mago. La "raíz de amargura" se encuentra en una persona malvada o con un pecado que la lleva a renegar de la fe.

Referencias escriturales: Éxodo 1:14; 15:23; Amós 8:10; Habacuc 1:6; Hechos 8:23; Hebreos 12:15.

alma grupal

Término utilizado por espiritistas para describir un número de almas entrelazadas por un espíritu con el fin de lograr una evolución superior.

ambición

Un ardiente deseo de rango, fama o poder; deseo de lograr un fin en particular.

La ambición tiene su raíz en el espíritu de Lucifer. Si no se controla, el espíritu de ambición puede abrir la puerta a la maldición de *proskairos* o adelantarse al tiempo de Dios, lo que en consecuencia colocará a la persona fuera de la voluntad de Dios. La Biblia dice que el enaltecimiento no viene de oriente, de occidente ni del desierto, sino de un lugar secreto (Salmos 75:6; Isaías 45:3). El que tengamos en lo natural capacidad para avanzar no significa que estemos listos para progresar en el espíritu. Las personas que tienen llamados poderosos en sus vidas deben sujetarse a un liderazgo verdaderamente apostólico. Lucifer fue una vez el querubín ungido. La palabra *ungido* en hebreo es *mashák*, y significa literalmente: "extender". Lucifer es el único ángel que fue nombrado para dos funciones: era el querubín que protegía y fue ungido con la capacidad para extenderse o aumentar. Dios quería que Lucifer se extendiera, pero solo de acuerdo con la voluntad y el tiempo divinos. La ambición que impulsó a Lucifer estaba arraigada en el egoísmo y el orgullo. Él no estaba satisfecho con su posición y ansiaba más poder, codiciaba el trono mismo del que lo había creado. La ambición hará que la persona piense de sí misma más de lo debido. Una vez que la ambición sigue su curso, la ruina, la destrucción y la separación serán la herencia de esa persona.

Referencias escriturales: Salmos 75:6-7; Isaías 14:12-15; Ezequiel 28:12-19; Romanos 12:3.

apostatar
Apartarse de Dios luego de la conversión.

La apostasía viene como resultado de la murmuración, el deseo de cosas malvadas y la ceguera espiritual. Es por esto que debemos renovar el espíritu de nuestra mente y no imitar las conductas ni costumbres de este mundo. El espíritu de apostasía está directamente relacionado con el infierno. La apostasía lo lleva a usted por un camino sinuoso. Está apuntado por un espíritu altivo y un cuello estirado.

Un ejemplo de apostasía puede encontrarse en Éxodo 32:1–8 donde los israelitas hacen el becerro de oro y comienzan a adorarlo. Cayeron nuevamente en la idolatría de Egipto mientras Moisés estaba arriba, en la montaña, con el Señor.

Referencias escriturales: 1 Reyes 11:9; Proverbios 16:18; 1 Timoteo 5:15; 2 Timoteo 4:10.

ateísmo
Incredulidad en cuanto a la existencia de la deidad; la doctrina de que no existe una deidad; impiedad, maldad.
Referencias escriturales: Salmos 14:1.

autómata
Una persona que produce menajes orales o escritos sin iniciarlos conscientemente; un operador de un tablero de ouija o un escritor automático; un médium.

azufre
El olor a azufre esta directamente relacionado con la actividad demoníaca, más específicamente con la puerta o vórtice del infierno que se ha abierto.

Babilonia
Antigua ciudad fundada por Nimrod, originalmente llamada Babel.
Era la ciudad de las abominaciones y de toda práctica ocultista imaginable. Babilonia es la cuna de prácticas como la astrología, la adivinación, la premonición, la magia, la brujería, la adivinación del futuro y los sacrificios humanos. El núcleo de la creencia babilónica se centra en los ritos de fertilidad. Mezclan la copulación con la vegetación en un esfuerzo para provocar que la tierra produzca abundantemente. Es una directa burla y una perversión del mandamiento de Dios a Adán y Eva de que fructificaran y se multiplicaran. La creencia babilónica también introduce la idea de la elevación del hombre a la divinidad.
Los dioses babilónicos estaban separados en tres categorías:

- Dioses celestiales (dioses del cielo)
- Dioses terrestres (dioses de la tierra)
- Dioses de la muerte (dioses del mundo de las tinieblas)

La adoración babilónica consistía en la adoración a la muerte; para apaciguar a los dioses de las tinieblas, se hacían sacrificios humanos.

Referencias escriturales: Génesis 11:1-9; Daniel 4:7.

bestialismo

Relación sexual entre personas y animales. De acuerdo con la ley mosaica, tanto la bestia como la persona culpable debían ser ejecutadas por esta abominación.

Referencias escriturales: Éxodo 22:19; Levítico 18:23; Deuteronomio 27:21.

blasfemia

El acto de maldecir, difamar, injuriar o mostrar desprecio o falta de reverencia hacia Dios.

En el Antiguo Testamento blasfemar a Dios era un grave crimen penado con la muerte. Era una violación del tercer mandamiento, que exige que el nombre y la reputación del Señor no sean tomados en vano.

Referencias escriturales: Éxodo 20:7; Levítico 24:15-16

bohemio

Vagabundo, trotamundos, especialmente gitanos; una persona (como un escritor o un artista) que vive una vida no convencional, generalmente en una colonia con otros.

El espíritu bohemio se aloja en personas que están atadas por el rechazo. Es un espíritu vagabundo y trotamundos que afecta a individuos que buscan algún tipo de aceptación. El espíritu bohemio también abre puertas a la adicción a drogas y a la promiscuidad como medio de escape. Si no se lo trata, este espíritu hará que el individuo sea un día un habitante de Nod.

Referencias escriturales: Génesis 4:12, 14.

bruja diosa de la antigüedad

Un antiguo espíritu relacionado directamente con la reina del infierno (una parte de la trinidad demoníaca):

Reina del infierno: antiguo espíritu de las profundidades

Reina del cielo: principado

Reina de las costas: espíritus de las aguas
Referencias escriturales: Mateo 4:8-9; Marcos 8:36.

cáncer (enfermedad)

En lo físico, un tumor maligno de crecimiento potencialmente ilimitado que se expande localmente por invasión y sistemáticamente por metástasis; un estado anormal del cuerpo marcado por este tipo de tumores. En el espíritu, algo malo o maligno que se expande destructivamente, como el *cáncer* del resentimiento oculto.

cántico

Repetir monótonamente una serie de sílabas o palabras.
Referencias escriturales: Mateo 6:7.

carnal

Sensual, mundano, no espiritual; relacionado con o dado a los deseos vulgares y apetitos de la *carne* o del cuerpo. El apóstol Pablo compara a las *personas espirituales*—las que están bajo el control del Espíritu Santo—con las *carnales*—las que se encuentran bajo el control de la carne. La palabra *carnal* generalmente se reserva en el Nuevo Testamento para describir a los cristianos mundanos.
Referencias escriturales: Romanos 8:5-7; 1 Corintios 3:1-4.

catamito

Un muchacho mantenido por un pederasta y formado a través de ataques homosexuales.

catatónico

Algo relacionado o parecido a la esquizofrenia, caracterizado especialmente por una marcada alteración psicomotora que puede incluir estupor o mutismo, negativismo, rigidez, excitación sin propósito y una postura inadecuada o extraña; se caracteriza por una marcada falta de movimiento, actividad o expresión.
Referencias escriturales: Lucas 8:52.

centrarse

Un término de la Nueva Era que significa: "El proceso de entrar en contacto con el mundo espiritual". Es una referencia directa al tercer ojo, que está localizado en el centro de la frente.

coco, cuco

Espectro, fantasma; fuente de miedo, perplejidad u hostigamiento.

Está directamente relacionado con apariciones demoníacas. El único propósito de una aparición física, si no es por comunión demoníaca, sería para intimidar e infligir miedo a una persona.

Referencia escritural: Job 4:14-16.

compromiso

Arreglo de diferencias mediante arbitraje o por consentimiento logrado mediante mutuas concesiones; algo intermedio que combina cualidades de dos cosas diferentes; una concesión a algo despectivo o perjudicial; *comprometer* los principios.

Referencias escriturales: Efesios 5:27; 2 Timoteo 1:13; 4:3; Apocalipsis 3:16.

comunicador

Un término utilizado en espiritismo sobre una entidad supuestamente muerta que comunica mensajes a los vivos, generalmente a través de un médium.

conciencia cósmica

Término de la Nueva Era para el estado de conciencia en el cual la vida y el propósito final del universo es logrado algunas veces por ciertos individuos altamente desarrollados durante la vida terrenal.

concupiscencia

Deseo excesivo de riqueza, avaricia, ambición; fuerte deseo, lujuria.

codicia

Desear por envidia; desear (lo que pertenece a otro) desordenada o culpablemente; en sentido intransitivo, sentir un deseo desordenado de algo que pertenece a otro. El espíritu de codicia hará que la gente intente andar en cosas que Dios no la llamó a hacer porque ve que alguien está en esas cosas y prospera. Este espíritu lo sacará directamente de la voluntad de Dios. La codicia abre la puerta a la obsesión. La obsesión enceguece y un espíritu que ata la mente hará lo que sea necesario para satisfacerse a sí mismo. Cuando la codicia se establece en los individuos, pone vendas que hacen que siempre vean la cosa o persona que codician. Jamás pueden disfrutar un éxito personal o un logro porque nunca es tan bueno como lo que codician. El espíritu de codicia abre la puerta a la conspiración y el asesinato. David codició tanto a Betsabé que manipuló deliberadamente al ejército para que su esposo fuera ubicado en el frente de batalla donde sería asesinado.

Referencias escriturales: Éxodo 20:17; 2 Samuel 11:2-17.

confusión

Arcaico: traer ruina; avergonzar; humillar; perturbar la mente a propósito, confundir, ser poco claro, borroso, dejar confuso el asunto; mezclar indiscriminadamente, revolver; no diferenciar algo similar o relacionado con otra cosa, como confundir el dinero con la comodidad.

La confusión se instala a través de pecados continuos sin arrepentimiento y por falsas enseñanzas. Dios no es autor de confusión. Donde hay confusión usted puede estar seguro de que el diablo está detrás de escena. El espíritu de confusión corre de manera desenfrenada por la tierra mediante el deplorable evangelio de la inclusión. Este es el mismo espíritu que convence a la gente de que la homosexualidad no es un pecado y que solo es un estilo de vida alternativo o de que hay más de un camino al cielo.

Referencias escriturales: Levítico 18:23; 1 Corintios 14:33,

contienda

El acto o caso de contienda; un punto avanzado o mantenido en un debate o discusión; rivalidad, competencia.

La contienda se opone a la autoridad constituida y es la adversaria del acuerdo. Su origen se halla en la discusión. Su función es la discordia y la división. La Biblia dice que no caigamos en discusiones vanas, y que los que siembran semillas de discordia entre los hermanos son una abominación para el Señor.

Referencias escriturales: Proverbios 6:19; Tito 3:9.

control

Término utilizado en espiritismo sobre una supuesta entidad o inteligencia que dice controlar las comunicaciones escritas o habladas por un médium o una persona sensible durante un trance. Una especie de maestro de ceremonias desencarnado que controla el flujo de comunicaciones de otros desencarnados, que se reciben a través de un médium.

cruz

Una estructura de una viga vertical con otra transversal, utilizada por los antiguos romanos para ejecuciones; frecuentemente se escribe con mayúscula la cruz en la cual Jesús fue crucificado.

La cruz era un instrumento de muerte y es un símbolo de muerte. Cuando la gente usa cruces en el cuello, se están poniendo de acuerdo con todo lo que la cruz representa. Muchas personas (especialmente cristianos) usan cruces pensando que representan a Cristo cuando en realidad están colocando un yugo de muerte alrededor de sus cuellos.

Referencias escriturales: Éxodo 20:4; Juan 19:17.

cuerpo, modificaciones y mutilaciones en el

Modificaciones intencionales, permanentes o temporales del *cuerpo* humano por razones religiosas, estéticas o sociales.

Los métodos de modificación y mutilación utilizados son incisiones, perforaciones, remociones completas o parciales, cauterización, abrasión, adherencia, inserción de cuerpos o materiales extraños, compresión, distensión, agrandamiento y tintura.

Las modificaciones del cuerpo suelen hacerse con propósitos mágicos o médicos, pero los motivos cosméticos (estéticos) quizás sean los más comunes. La variabilidad de los resultados en las diferentes culturas es un excelente indicativo de la relatividad de los ideales de belleza. Los motivos ritualistas para la modificación están relacionados con la religión (sacrificio, mortificación ascética), protección mágica, duelo, para indicar un rango o status o la pertenencia a un grupo, por bravuconadas o castigos. La práctica del ritual de mutilación generalmente es utilizada para modificar la posición social de una persona de manera visible y reconocible por otros miembros de la sociedad. La mutilación puede ser hecha como parte de una iniciación, matrimonio o rituales de duelo, o puede ser infligida como un castigo, ya sea por crímenes graves o transgresiones sociales. Referencias escriturales: Levítico 19:28; Marcos 5:5.

culto

Gran devoción hacia una persona, idea, objeto, movimiento o trabajo (como una película o libro): tal devoción es considerada especialmente como una moda literaria o intelectual; grupo de personas usualmente pequeño caracterizado por tal devoción.

Los cultos sectarios se concentran más específicamente en su líder que en Dios. Generalmente son dictatoriales. En las sectas el hombre es el centro, en lugar de serlo Dios, y sus doctrinas generalmente se basan en una o dos escrituras particulares y no en toda la Palabra de Dios. Un ejemplo de esto puede encontrarse en el libro de los Hechos.

Referencias escriturales: Hechos 5:35-39.

Delfos

Delfos era considerado por los antiguos griegos como el centro del mundo. De acuerdo con un viejo mito, Zeus soltó dos águilas, una desde el este y otra desde el oeste, e hizo que volaran hacia el centro. Se encontraron en lo que luego fue Delfos, y ese punto fue marcado con una piedra llamada *ónfalo* (ombligo), que más tarde fue colocada en el Templo de Apolo. De acuerdo con la leyenda, el oráculo de Delfos pertenecía originalmente a Gea, la diosa de la tierra, y fue protegida por su hijo, Pitón, la serpiente. Se dice que Apolo asesinó a Pintón y fundó allí su propio oráculo.

demonio (vea también espíritu incorpóreo)

Un espíritu maligno; una fuente o agente de mal, daño, aflicción o ruina.

Referencias escriturales: Mateo 12:43; Marcos 5:8.

demoníaca, fascinación

Estar obsesionado o demasiado preocupado por las cosas del lado oscuro. Los creyentes nunca deberían hacer excursiones al lado oscuro. El Espíritu Santo debe traernos la revelación. Todo material y libros de ocultismo deben ser usados con gran discreción y cubiertos con la sangre de Jesús. Dios no nos llamó a obsesionarnos con una pasión por conocer lo demoníaco. Él no quiere que seamos ignorantes de las estrategias y artimañas del diablo, pero nuestro enfoque debe estar en Jesús. Él es el autor y consumador de nuestra fe. Estar liado a cualquiera de las cosas mencionadas en esta definición es un espíritu de *fascinación demoníaca*, y debe ser roto.

Referencias escriturales: Hechos 19:19.

demoníaco, marcador

Un marcador demoníaco no es más que una identificación o sistema de rastreo demoníaco. Los marcadores demoníacos pueden colocarse en personas, lugares y cosas y vienen en una gran variedad de formas. Pueden estar en forma de tatuajes, símbolos, fetiches y sacrificios. Estos marcadores atraen la actividad y la influencia demoníaca. El marcador sirve para guiar a los espíritus demoníacos y permitirles reconocer con facilidad individuos y cosas que han sido dedicados a ellos. Un ejemplo podría ser un pájaro muerto colocado en el centro de un pentagrama dibujado con su propia sangre. Esta sería una forma de sacrificio que podría servir como un marcador demoníaco. Otro ejemplo sería una persona con un tatuaje oculto. Cada espíritu representado con ese símbolo en particular tiene ahora derecho legal en ese individuo porque su sello ha sido colocado sobre él.

desencarnado

Literalmente: "sin carne"; sin cuerpo, generalmente dicho de una alma, la inteligencia, la personalidad, el ser, o una entidad. En espiritismo un desencarnado es una persona que ha sobrevivido a la muerte y ahora existe como una entidad espiritual.

desencarnado, espíritu (vea también demonio)

También conocido como habitante de la tierra, son los espíritus de la raza preadámica. No son espíritus de seres humanos sino de una raza que originalmente habitó la tierra antes de la caída de Lucifer. Fueron destruidos por la primera inundación que devastó toda la tierra en un pasado incierto. Estos espíritus desencarnados recibieron una maldición para que vaguen en la tierra por siempre, hasta el juicio final. Creo que esos espíritus habitan debajo del mar, porque esa es su tumba. Esos son los demonios que buscan residir en los cuerpos de los hombres y son los demonios que son expulsados de las personas. Estos espíritus son atormentados mientras están fuera de un cuerpo, por lo que se manifiestan con llamativos alaridos y gritos durante las sesiones de liberación.

Referencias escriturales: Job 26:5; Lucas 8:33; Apocalipsis 20:13.

devoradores, espíritus

Estos espíritus son asignados contra cualquier forma de aumento, crecimiento y almacenamiento. Destruyen comiendo. Algunas brujas hacen objetos que se parecen a la persona a la que se están dirigiendo por medio de la hechicería y la tragan para devorar la vida de esa persona.

Ejemplos de espíritus devoradores:

• Revoltón
• Oruga
• Saltón

Referencias escriturales: Salmos 78:46; Joel 1:4; Malaquías 3:11

día festivo

El *día festivo* originalmente se refería a un día de dedicación y observancia religiosa; en los tiempos modernos indica un día de conmemoración religiosa o secular. Muchas de las principales festividades religiosas del mundo se celebran aproximadamente en las fechas de los festivales paganos más antiguos. En el caso del cristianismo esto se debe a veces a la política de la iglesia primitiva, que programaba esas fechas para eclipsar las fiestas paganas, una práctica que probó ser más eficaz que la mera prohibición de las celebraciones más antiguas. En otros casos la similitud con la fecha se debe a la tendencia general a celebrar los momentos de cambio de las estaciones. En muchos países las fiestas seculares se basan en la conmemoración de sucesos históricos y cumpleaños de los héroes patrios, por ejemplo el día de la Independencia de los Estados Unidos y el día de la Bastilla en Francia. Las formas de celebrar estas fiestas nacionales van desde el despliegue de la bandera nacional hasta el feriado para los empleados públicos, esta última práctica generalmente la siguen también las organizaciones comerciales. Tradicionalmente muchas fiestas se celebran con reuniones familiares o se envían tarjetas de salutación y obsequios. En Gran Bretaña los llamados "feriados bancarios" se distinguen por el cierre de bancos y otras instituciones.

diablo

Del griego *diábolos*, "calumniador o acusador", el espíritu o poder del diablo. Aunque a veces se usa para espíritus demoníacos menores, la palabra *diablo* generalmente se refiere al príncipe de los espíritus del mal y como tal asume formas diversas en las religiones del mundo. En las religiones occidentales monoteístas el *diablo* es visto como un ángel caído que, por orgullo, ha tratado de usurpar la posición del único Dios. En el judaísmo y más tarde en el cristianismo, el *diablo* fue conocido como Satanás. En el Antiguo Testamento Satanás es visto como el fiscal de la corte de Jehová, como en Job 1 y 2, pero no es considerado como un adversario de Dios. En el judaísmo posbíblico y en el cristianismo, en cambio, Satanás es conocido como el "príncipe de los *diablos*" y toma varios nombres: Beelzebú ("señor de las moscas") en Mateo 12:24-27, a menudo citado como Beelzeboúl ("señor del estiércol"), y Lucifer (el caído ángel de luz). En la teología cristiana la principal tarea del *diablo* es la de tentar al hombre para que rechace el camino de vida y redención y acepte el camino de muerte y destrucción. El líder de los ángeles que cayeron del cielo por orgullo, Satanás, tiene como su principal adversario en el pensamiento cristiano, leyenda e iconografía al arcángel Gabriel, líder de los ejércitos celestiales de Dios.

La teología islámica menciona muchas veces a *Iblis*, el nombre personal del *diablo*, conocido también como *Ash-Shayan* ("el demonio") y *aduw Allah* ("enemigo de Dios"). En el Corán Iblis aparece primero en la historia de la creación del mundo. De todos los ángeles él es el único que se niega a la orden de Dios de inclinarse ante Adán, el primer hombre. Entonces es maldecido por Dios; su castigo vendrá en el Día del Juicio, pero hasta ese momento tiene poder para tentar a los infieles (pero no a los verdaderos creyentes)

Iblis aparece luego como quien tienta a Adán y Eva en el jardín del Edén. En la teología islámica Iblis es descripto como un ángel, un *jinn* (criatura espiritual capaz de hacer mal o bien), o como un ángel que fue el líder de los *jinni*. Las cuestiones de sus pecados de orgullo y desobediencia son especialmente importantes para las tradiciones del sufismo, en las cuales en ocasiones es presentado como un verdadero monoteísta que solo se inclinará ante Dios. El *diablo* también era una figura importante en ciertas religiones sincretistas. En el gnosticismo el *diablo* solía ser llamado el *Demiurgo* (el Creador), y en el maniqueísmo el *Príncipe de las tinieblas*, además de otros nombres. El *diablo* suele ser representado como el gran poder del mal en la literatura secular, la religión y el arte. En diferentes intervalos de la historia la adoración al *diablo* llegó a ser algo importante para ciertos individuos insatisfechos con las instituciones religiosas existentes, y como consecuencia el exorcismo frecuentemente es restaurado en estas instituciones.

diva

Una mujer que es venerada; una diosa; es un término demoníaco y se relaciona con la palabra *adivinación*.

doppelgänger

Del alemán, "doble caminante", es un fantasma o doble fantasmagórico de una persona viva.

duda, espíritu de

Este espíritu viene por cuestionar la Palabra y atacar su validez. Desafía la calidad y el carácter de la Palabra de Dios y está asignado específicamente contra la vida abundante que Jesús dijo que vino a dar a los creyentes. Trae las maldiciones de *conformarse con menos* y con el *segundo lugar* en la vida del creyente que oye los sermones de este espíritu de duda.

embrujo

Influenciar o afectar, de modo especialmente perjudicial, mediante la brujería; enviar un hechizo; atraer como si fuera por el poder de un hechizo; encantar.

En el Nuevo Testamento hay dos palabras griegas que se traducen como "embrujar". Una se da en Hechos 8: 9 y 11 ("brujería", DHH) se refiere al obrar de Simón el mago. Significa "estar loco, asombrado, abrumado por la sorpresa". La otra palabra es *baskaíno* (Gálatas 3:1), significa: "estar fascinado con una representación falsa". En este caso el apóstol está afirmando que los gálatas habían sido llevados a aceptar enseñanzas absolutamente contrarias al evangelio de Cristo. Ambas palabras nos revelan las dificultades que los primeros maestros tenían al tratar de erradicar la idea tan ampliamente difundida y sostenida especialmente por los judíos y los egipcios, de que había cierto poder, lo oculto y misterioso, que ellos podrían controlar mediante ciertas fuerzas ocultas. Durante mucho tiempo se debió lidiar con estas prácticas corruptas traídas a la iglesia por los conversos tanto del judaísmo como del paganismo. Estas palabras tienen una referencia al ojo maligno, que fue durante siglos, y aún hoy sigue siendo, un factor importante en la vida de los pueblos orientales. 1 Timoteo 6:20 es una referencia a este pensamiento y explica la palabra *ciencia* como ellos la usaban. Referencias escriturales: Hechos 8:9-11; Gálatas 3:1.

encanto
El canto o recitado de un hechizo mágico o encantamiento; una práctica o expresión que se cree que tiene poder mágico; algo puesto sobre una persona para evitar un mal o asegurarle buena fortuna; amuleto.

Una práctica o expresión que se cree que puede tener un poder mágico, similar al de un encantamiento o un hechizo. Los *encantos* se encuentran entre los ejemplos más antiguos de la literatura. Entre los *encantos* escritos en inglés antiguo están los que hacían contra los enanos y contra los ladrones de ganado. La palabra viene del francés antiguo *charme* y el latín *carmen*, "declaración ritual", "encantamiento" o "canción".
Referencias escriturales: Ezequiel 13:18.

encantamiento, jaula de
Un encantamiento por el cual una persona literalmente es colocada en una jaula en el espíritu.

Esta maldición hace que una persona sea incapaz de ver las malas acciones de un individuo o que crea mentiras sobre alguien. Es un encantamiento que ata y enceguece la mente. Está dirigido contra los fieles y es utilizado para volver a miembros contra sus líderes. Las personas atadas al hombre natural son enjauladas con mayor facilidad.
Referencias escriturales: Ezequiel 13:18.

endemoniado
Alguien poseído por un demonio.
Referencias escriturales: Mateo 8:28; Marcos 5:2

efigie
Una imagen o representación—especialmente de una persona—una cruda figura que representa públicamente en efigie a

una persona odiada, tal como "el entrenador de fútbol fue quemado *en efigie*". Un ejemplo de una efigie podría ser un muñeco de vudú.

equinoccio

Cualquiera de los dos momentos del año en que el sol está justo encima del ecuador y el día y la noche tienen exactamente la misma duración; se refiere además a cualquiera de los dos puntos del cielo donde se produce la intersección entre el ecuador celeste y el plano de la eclíptica (línea anual que recorre el sol). El *equinoccio* de primavera marca el comienzo de esa estación en el hemisferio norte, alrededor del 21 de marzo, cuando el sol se "mueve" hacia el norte y cruza el ecuador celeste. El *equinoccio* de otoño es alrededor del 23 de septiembre, cuando el sol cruza el ecuador celeste hacia el sur. Los equinoccios de primavera y de otoño son los dos momentos más importantes del año para los brujos y hechiceros.

fisgón, espíritu

Un tipo de espíritu familiar que opera a través de la clariaudiencia (la capacidad psíquica de oír).

Referencia escritural: Eclesiastés 10:20.

glosolalia

Esto identifica lenguas demoníacas o falsas. Un lenguaje desconocido en estado consciente es hablado por un médium en trance. Se refiere a una declaración de palabras que no pertenecen a ningún lenguaje conocido; a menudo también mencionado como *xenolalia*.

hechizado

Estar bajo el poder o la influencia de un hechizo maligno o una enfermedad enviada; estar bajo el poder de la Wicca (bruja) mediante fascinación; muy relacionado con el encantamiento.

El encantamiento es el acto, pero el embrujo es el efecto que ese acto causa en la persona.

Referencias escriturales: Hechos 8:9-11; Gálatas 3:1.

hipnosis

Un estado que se parece al del sueño normal, pero inducido por la sugestión de alguien que hipnotiza, ante quien la persona hipnotizada permanece receptiva.

intuición

Conocimiento innato o instintivo sin recurso a la inferencia o razonamiento objetivo.

luna oscura

La luna oscura describe a la luna durante el tiempo en que es invisible contra el telón de fondo del sol en el cielo. Es un término que el ocultismo usa para referirse a la luna nueva.

maldiciones por asociación

Maldiciones que aparecen como resultado de personas, lugares o cosas que usted se ha entretenido o con las que ha estado de acuerdo, pero que no están alineadas con la Palabra de Dios. La Biblia dice: "¿Andarán dos juntos, si no estuvieren de acuerdo?" (Amós 3:3); y "la maldición nunca vendrá sin causa" (Proverbios 26:2). Cuando estamos de acuerdo con las cosas de este mundo, o participamos en actividades pecaminosas, estamos abiertos a las maldiciones que vienen con ellas. Un ejemplo de esto sería ser culpable por asociación. Si usted se sube a un auto con otros tres muchachos con el objetivo de cometer un crimen, ya sea que lo cometa o simplemente se quede en el auto, usted es culpable por asociación y estará sujeto al mismo castigo que quienes hayan cometido el crimen. Los creyentes no pueden darse el lujo de permanecer en la ignorancia; debemos ser especialmente cuidadosos en nuestras asociaciones, a qué le abrimos nuestro espíritu y le prestamos nuestros miembros. Un ejemplo de esto se encuentra en el libro de Josué. Acán tomó el anatema que Dios específicamente le había dicho a Israel que no tocara. El resultado del pecado de Acán trajo una maldición sobre todos los que estaban asociados con él, que era toda la nación de Israel (Josué 7). Recién cuando la maldición fue quitada los israelitas pudieron tener victoria. Las pequeñas zorras echan a perder las viñas, y un poco de levadura leuda toda la masa. Dios dice: "Mi pueblo fue destruido, porque le faltó conocimiento" (Oseas 4:6).

Referencias escriturales: Josué 7; Proverbios 26:2; Cantar de los cantares 2:15; Amós 3:3; 1 Corintios 5:6; 2 Corintios 2:11.

masturbación

Manipulación de los órganos genitales por placer, generalmente para producir un orgasmo. El término *masturbación* generalmente connota automanipulación, pero también puede ser utilizado para describir la manipulación de o por un compañero sexual durante la relación sexual. Alguna vez fue objeto de supersticiones extravagantes y severos tabúes; la masturbación de adultos no ha sido vista con buenos ojos en la mayoría de las sociedades premodernas. Las enseñanzas de moral cristiana la condenan como el pecado de Onán, quien en el Antiguo Testamento fue reprobado por derramar su semen en el suelo. Referencia escritural: Génesis 38:9.

memoria evocativa

También conocida como *recuerdo repentino demoníaco*, es una forma de tormento psicológico que tiene su raíz en las cosas del pasado. La memoria evocativa es la que constantemente nos recuerda heridas, remordimientos y relaciones del pasado. La memoria evocativa apunta específicamente al esposo y a la esposa, y es una entrada a la desconfianza, la división y la inseguridad en el matrimonio. La fuente de la memoria evocativa está en el registro akásico (un compendio de conocimiento místico supuestamente codificado en un plano no físico de la existencia). Hay un aspecto positivo en la memoria evocativa, ya que en oración se puede pedir a Dios que traiga a nuestra memoria algo que necesita ser conocido. Este acto es el opuesto al hecho demoníaco de la memoria evocativa.

muerte

El destructor de la vida, representado generalmente por un esqueleto con una guadaña y que cabalga un caballo amarillo

en el libro de Apocalipsis. La muerte saca su fortaleza del pecado. La muerte y resurrección de Jesús abolieron la muerte, y el aguijón fue quitado. El creyente no debe temer a la muerte porque tenemos vida eterna por medio de Jesucristo. La Biblia dice que los asuntos de la muerte le pertenecen al Señor.
Referencias escriturales: Salmos 68:20; 1 Corintios 15:55-56; Apocalipsis 6:8.

muerte, pacto de
Término utilizado en espiritismo para describir un acuerdo entre dos personas con el propósito de probar la supervivencia: el primero en morir debe dar a conocer al otro que continúa existiendo por medio de alguna señal física.

muerte, espíritu de
Muerte física o espiritual en relación con el hombre; comenzó a existir en el jardín del Edén. Un ejemplo del espíritu de muerte puede encontrarse en el libro de Éxodo cuando todos los primogénitos de los egipcios fueron muertos a medianoche. Podemos encontrar otro ejemplo en el libro de Apocalipsis con la muerte representada por un jinete que cabalga a través de la tierra.
Referencias escriturales: Éxodo 12:29; Apocalipsis 6:8.

murmuración
Revelar el secreto de otro; murmurar.
La murmuración tiene su raíz en la calumnia sobre un individuo. Se expresa con la boca y es un fruto de la ira. Lo hará estar separado de Dios. Abre la puerta a la división mediante las semillas de la discordia.
Referencias escriturales: Salmos 15:1–3; 50:20; Proverbios 25:23.

panteísmo
La creencia de que todo es Dios.

percepción extrasensorial general (GESP según su sigla en inglés)
Técnica diseñada para probar un hecho de percepción extrasensorial, que permite que actúe la telepatía o la clarividencia, o ambas.

perra, espíritu de

Nombre usado para maldecir a una mujer. Cuando es dicho sobre una mujer, es con el fin de soltar inmoralidad, lascivia, venganza con rencor, dominación absoluta. Este espíritu se manifiesta entre hombres homosexuales que se enorgullecen de ser llamados *perra*. Relacionado con la *hembra del perro*.

pezuña hendida

La marca de Satanás.

poltergeist

En alemán *polter* significa: "hacer un sonido o ruido". *Geist* es la palabra alemana para "fantasma". Este es un espíritu que entra en las casas y edificios y hace ruidos. Es un espíritu travieso. Poltergeist es la raíz de un espíritu que conocemos como *casa embrujada*. Se mete en los sistemas de sonido de las iglesias y en las computadoras de los dormitorios. Hace que las puertas se abran y se cierren sin explicación alguna. Este demonio viene para soltar confusión y miedo. También está asignado especialmente contra los niños, se enfoca en ellos para abrir y cerrar puertas para que otros demonios se comuniquen con ellos por medio de cosas como muñecas y animales de peluche. Este espíritu se revela a niños pequeños. Muchos chicos llaman a estos demonios *amigos secretos*.

La película *Poltergeist* trata de una casa embrujada. Aunque fue producida por Hollywood y está llena de ficción, investigaciones documentadas han verificado que las casas o los lugares pueden ser maldecidos y en consecuencia pueden estar embrujados.

Cuando el rey Saúl estuvo con la bruja de Endor (1 Samuel 28:7-20), aunque el espíritu que se le apareció no era el del profeta Samuel, sí era un espíritu (o fantasma).

proyección mental

Son pensamientos e imágenes enviados en el espíritu para influenciar a ciertos individuos y circunstancias. Los pensamientos son como las ondas de un estanque después que se arrojó una piedra al agua. Las ataduras y conexiones de las almas impías hacen que las proyecciones mentales de los demás ejerzan un mayor impacto en el individuo. Muchas veces, personas en las que no tendríamos por qué estar pensando, aparecen en nuestros pensamientos. Esto se debe a que hemos estado en los pensamientos de ellos o nuestros nombres han estado continuamente en sus conversaciones. La proyección mental es una forma de giromancia y es utilizada para sacarle cosas al individuo y enviarlas a otro lado.

regiones celestes
Las regiones celestes en la que opera la actividad demoníaca están en el segundo cielo.
Referencias escriturales: Efesios 6:12.

seductor, espíritu
Un espíritu que atrae a las personas para alejarlas de las cosas de Dios. El principal objetivo del espíritu *seductor* es que una persona acabe en el infierno. Lanza el anzuelo de Satanás para tentar, seducir y atrapar el alma.
Referencia escritural: Proverbios 1:10.

siempreverde
Este es el árbol del que se habla en Jeremías 10:3. Representa el cuerpo de Nimrod y se relaciona con la adoración a Baal. Este es también el árbol del que se habla en Isaías 40:20: "El pobre escoge, para ofrecerle, madera que no se apolille; se busca un maestro sabio, que le haga una imagen de talla que no se mueva". El siempreverde era un ídolo que era adorado en la antigüedad.

transporte (apport)
Término usado en espiritismo para describir el movimiento o el transporte de objetos físicos en formas que no son físicas. A menudo tales objetos son transportados a grandes distancias y se los ve penetrar objetos materiales como puertas cerradas.

trébol
Símbolo de prosperidad o de encontrarse en una situación agradable. Un ejemplo es el trébol de cuatro hojas, que es un símbolo irlandés de buena suerte.

visión monstruosa
Un objeto imaginario que provoca miedo; algo que causa miedo o angustia desproporcionados a su importancia. Este es un espíritu de magnificación que se mete en la mente de las personas. Se convierte en algo más importante de lo que realmente es. La visión monstruosa es algo imaginario y debe ser echado fuera apenas se inicia.
Referencias escriturales: 2 Corintios 10:5; 2 Timoteo 1:7.

Nombres de la Biblia

Proverbios 22:1 dice que un buen nombre es de más estima que las muchas riquezas. Esta sección del diccionario describe los nombres de personas de la Biblia que han dejado una huella negativa por sus nombres, lo cual creo que debe ser relacionado con actividad demoníaca. Esta sección también señala personas, lugares y cosas de la Biblia que directa o indirectamente recibieron un influencia de sentido negativo.

Abadón (vea también Apolyon)

Abiú (vea Nadab)

Absalón
Conocido por liderar una rebelión contra su padre, el rey David

Acab
El hijo de Omri que se casó con Jezabel y permitió que edificaran templos a Baal junto al templo de Dios.

Acán
Conocido como "el perturbador de Israel"; hizo que Israel fuera derrotado por el pueblo de Hai. Fue culpable de tomar el anatema.

Adánica, naturaleza

El espíritu que vino sobre Adán cuando pecó y dejó de caminar con Dios al aire del día.

Agar (vea también Ismael)

La esclava egipcia que dio a luz a Ismael, el primogénito de Abraham. Ella es recordada como la sierva que Sara exigió que se fuera de la casa (con su hijo). Ismael es recordado espiritualmente como una alternativa a la perfecta voluntad de Dios.

Ahitofel

Su nombre significa "hermano de locura". Al principio era considerado uno de los consejeros sabios, hasta que le fue infiel a David.

Anac

Una raza de gigantes llamados anaceos. Eran enemigos del pueblo de Dios.

Ananías (vea también Safira)

Conocido por hacer un compromiso con Dios y luego guardarse una parte para él mismo y su esposa, Safira. Ambos murieron de manera sobrenatural por este hecho.

Apolión

Un destructor griego.

Artemisa

La diosa griega conocida por los romanos como Diana; también conocida como la diosa de la caza y la reina del cielo.

Atalía

La reina de Judá y única gobernante de Israel desde el 842 hasta 837 a. C. Jezabel gobernó por medio de Acab, pero Atalía se sentó en el trono y ejerció el gobierno total. Destruyó a todos los herederos al trono y se mantuvo en el poder de manera sanguinaria.

Baal

Reconocido como el campeón de los dioses de Babilonia, Baal era el dios del trueno, el dador de la lluvia y por consiguiente el que daba fertilidad a la tierra.

Balaam

Un profeta no israelita a quien el rey moabita Balac le encomendó maldecir a Israel. El Señor mandó un ángel a desenvainar una espada para detener a Balaam cuando se dirigía a maldecir al pueblo de Dios. Dios abrió la boca del asna de Balaam como advertencia. Finalmente Balaam le hizo saber a Balac que no podría maldecir a aquellos a quienes Dios había bendecido.

Balac

El rey moabita que le pidió a Balaam que maldijera a Israel.

Barrabás

Durante la Pascua existía la costumbre de liberar a un prisionero. La gente prefirió a Barrabás en lugar de elegir a Jesús, y Jesús fue crucificado. El espíritu de Barrabás se relaciona con el espíritu del mundo o el de falsificación.

Bar-Jesús

Un mago judío también conocido como Elimas. Luego de un enfrentamiento con Pablo y Silas los hombres de Dios hicieron que perdiera la vista.

Beelzebú

Significa: "señor de las moscas". Beelzebú es referido como otro nombre del *diablo* en fuentes cristianas y bíblicas.

Betsabé

La mujer con quien el rey David cometió adulterio; luego David mató a su esposo.

Caín

El hijo de Adán y Eva y hermano de Abel; esta fue la *primera familia*. Caín es conocido en la Biblia como el primer asesino como el asesino de su hermano, Abel, y fue desterrado a la tierra de Nod. Judas 1:11 dice: "¡Ay de ellos! porque han seguido el camino de Caín".

Coré

Coré utilizó el descontento del pueblo de Israel para levantar una rebelión contra Moisés y Aarón. El suelo se abrió debajo de él y de otras personas y los tragó luego que Moisés pidiera que quienes estuvieran con él se colocaran a su lado (Números 16). Judas 1:11 habla de la rebelión de Coré.

Cozbi

Al final de la travesía de cuarenta años de los israelitas por el desierto, ellos comenzaron a casarse con el pueblo de la tierra y a adorar a Baal Peor. El Señor estaba enfurecido con los hijos de Israel por causa de esto. Cuando Zimri trajo una mujer madianita (Cozbi) a su familia, Finees (el nieto de Aarón) los mató a ambos y dijo que era un crimen contra el Señor. Cozbi pertenecía a la misma tribu de Séfora (la esposa de Moisés).

Dagón

Dios semítico de la fertilidad que representaba las semillas y la vegetación. Los filisteos se burlaron de Sansón haciéndolo parar entre las columnas que sostenían el templo de Dagón. También colocaron a Dagón junto al arca del pacto en Asdod. A la mañana siguiente encontraron a Dagón postrado en tierra delante del arca y volvieron el ídolo a su lugar. La segunda mañana encontraron al ídolo en la misma posición, pero esta vez la cabeza y las dos manos estaban cortadas y puestas sobre el umbral; vino sobre los filisteos una maldición que hizo que devolvieran el arca a Israel. Cuando Saúl fue muerto en batalla, los filisteos le cortaron la cabeza y la colocaron frente a Dagón en el templo de Bet-sán.

Dalila

La infame mujer que tomó la fuerza del hombre más fuerte que vivió jamás (Sansón) y lo entregó a sus enemigos, los filisteos. Desde ese momento su nombre ha sido utilizado como referencia a una mujer malvada enviada contra un hombre para destruirlo.

Datán

Miembro de la tribu de Rubén que estuvo entre los líderes que se rebelaron contra Moisés.

Dioniso

Otro nombre para Baco, el dios del vino, las fiestas y la juerga; conocido como el dios del vino y las uvas. Comunicaba a sus seguidores su poder mediante la intoxicación.

Egipto

La tierra de los egipcios. Ellos fueron conocidos por haber esclavizado a los israelitas durante cuarenta años. Los faraones (reyes egipcios) adoraban muchos dioses y estaban fascinados con la vida de ultratumba y todo lo que estuviera relacionado con la muerte. Fueron famosos por construir las pirámides, que originalmente fueron establecidas en base a las constelaciones, porque los egipcios adoraban los cuerpos celestes.

Esceva, los siete hijos de

El nombre *Esceva* significa "zurdo" o "augurio favorable". Los siete hijos de Esceva están registrados en el libro de los Hechos como un grupo, hijos de un sumo sacerdote judío, que se suponía que eran exorcistas. Intentaron echar demonios fuera de una persona y se dice que "huyeron de aquella casa desnudos y heridos" (Hechos 19:16).

Eva

Eva es la madre de toda la humanidad. A ella se le acredita su caída. Fue tomada del cuerpo del hombre y creada de su costilla.

Fineas (vea también Ofni)

Hermano de Ofni; ambos fueron juzgados por Dios.

Gad

Significa "afortunado" (Génesis 30:11, LBLA).

Giezi

El escudero de Eliseo; lo siguió y presenció muchos de sus milagros, pero mostró no ser merecedor de la unción que estaba sobre la vida de Eliseo. Será recordado por siempre como el *escudero malvado*. Por su naturaleza egoísta, trató de tomar dinero de Naamán por su sanidad, pese a que Eliseo le había dicho a Naamán que no se le requería ningún dinero. Corrió secretamente tras Naamán y tomó dos talentos de plata.

Gog

Ezequiel profetizó el fin de Gog en la voz del Señor en Ezequiel 38:2: "Hijo de hombre, pon tu rostro contra Gog".

Goliat

El famoso gigante que mató David, el muchachito que luego llegó a ser rey de Israel. Goliat era un filisteo que atormentaba al pueblo de Dios hasta que David lo mató con una honda.

Gomer

Al profeta Oseas se le ordenó que tomara a Gomer, una ramera, como esposa. Ella era probablemente una prostituta de cultos idolátricos. Este fue un acto profético que simbolizaba cómo el pueblo de Dios hacia sentir al Señor cuando se prostituía con dioses ajenos. Gomer dio a luz a tres hijos durante su matrimonio con Oseas:

- Jezreel (hijo): El único niño del que se dice que Oseas fue el padre, puesto que Gomer tenía otros amantes.
- Loruhama, "No compadecida" (hija): porque Dios iba a dejar de compadecerse de los israelitas.
- Loammi, "No mi pueblo" (hijo): ya que el Señor estaba repudiando a su pueblo escogido debido a sus pecados.

Hadad

Su nombre significa "el tonante" o "el que hace estruendo". Es recordado por haber dejado a su pueblo y escapar a Egipto donde encontró el favor del faraón de ese momento. Se quedó en Egipto hasta que David murió. Cuando regresó fue notorio por hacer maldades (1 Reyes 11:25).

Hadad-ezer

Este rey de Siria fue un recurrente enemigo de Israel durante el reinado de David. El significado de la raíz de este nombre, *Hadad*, es "Baal es ayuda".

Heber (esposo de Jael)

Heber formaba parte de un clan nómada supuestamente asociado con los israelitas. Su nombre significa literalmente "asociado", pero permitió que el peor enemigo de los israelitas (Sísara) se refugiara en su casa. Sísara fue asesinado por la esposa de Heber, Jael. Ella es recordada por horadarle la cabeza con una estaca cumpliendo así la profecía de Débora de que una mujer derrotaría a este gran atormentador del pueblo de Dios.

Hermes

Este dios griego era una deidad olímpica. Es conocido como el dios mensajero.

Herodes el Grande

El nacimiento de Jesús tuvo lugar durante el reinado de Herodes el Grande. Él llamó a los sabios para preguntarles sobre el nacimiento de Cristo.

Herodías (vea también Salomé)

Herodías fue la nieta de Herodes el Grande y hermana de Herodes Agripa I. Se casó con su medio tío paterno, Herodes II. La pareja tuvo una hija llamada Salomé. Herodías abandonó a su primer esposo y se casó con otro medio tío, Herodes Antipas. Esta unión fue condenada por Juan el Bautista. Enfurecida, Herodías exigió la muerte de Juan el Bautista. Herodes Antipas no estaba seguro de si debía matar a Juan debido a su popularidad, pero seducido por la danza de Salomé, accedió a darle la cabeza de Juan el Bautista.

Himeneo

Himeneo es mencionado de forma negativa dos veces en la Biblia: En 1 Timoteo 1:19-20 Himeneo y Alejandro (el calderero) estaban entre los que negaron la fe y "naufragaron para que aprendan a no blasfemar". En 2 Timoteo 2:16-18 Himeneo y Alejandro aparecen catalogados junto a los obreros no aprobados que fueron acusados de participar en profanas y vanas palabrerías... "Y su palabra carcomerá como gangrena". Su pecado consistió en decir que: "la resurrección ya se efectuó". Fundamentalmente estaban propagando una falsa doctrina.

Hofra

El nombre de este dios sol significa: "feliz es Ra". Hofra fue un faraón de la vigésimo sexta dinastía, que estaba obsesionado por la visión de restaurar la grandeza de Egipto. Jeremías profetizó contra él: "He aquí que yo entrego a Faraón Hofra rey de Egipto en mano de sus enemigos" (Jeremías 44:30).

Icabod

La esposa de Finees estaba embarazada cuando él, su hermano (Ofni) y su padre (Elí) murieron prematuramente mientras el arca del pacto estaba en manos de los filisteos. El impacto de estas noticias hizo que ella diera a luz, y viviera solo lo suficiente para poner nombre a su hijo y llamarlo Icabod que significa "¡Se han llevado la gloria de Israel!" (NVI).

Is-boset

Uno de los hijos del rey Saúl que trató infructuosamente de continuar su dinastía después que Saúl y sus otros tres hijos fueron asesinados en el campo de batalla (2 Samuel 2:8–10). Is-boset significa "hombre de vergüenza".

Ismael (vea también Agar)

El hijo de Abraham y Agar.

Janes y Jambres

Timoteo escribió sobre estos dos magos que se opusieron a Moisés. Ellos echaron sus varas en el suelo y al hacerlo estas se convirtieron en culebras (2 Timoteo 3:8; Éxodo 7:10). Moisés hizo lo mismo, solo que su serpiente devoró a las dos de Janes y Jambres, demostrando así que el poder de Dios es mayor que el poder de las tinieblas. Uno puede poner en fuga a mil.

Jeroboam (vea también Roboam)

Jeroboam es conocido como el rey apóstata que dividió y debilitó a la nación de Israel. Debido a sus actos, los futuros reyes fueron famosos por andar "en todos los caminos de Jeroboam hijo de Nabat, y en el pecado con el cual hizo pecar a Israel, provocando a ira a Jehová Dios de Israel con sus ídolos" (1 Reyes 16:26).

Jezabel

La esposa del rey Acab es notoriamente recordada en la historia por haber sido la peor enemiga de los profetas de Israel. Ella fue conocida por ser excesivamente ambiciosa y decidida. Mediante la manipulación y el control gobernó el reino desde el costado del trono de su esposo. Desde de su muerte, el nombre *Jezabel* ha sido utilizado como un estigma contra mujeres de caracteres similares al de ella. Fue asesinada por una jauría de perros, como había sido profetizado. Comieron su cuerpo y dejaron solo tres partes, que son simbólicas:

+ Cráneo: controlar la mente.
+ Pies: guiar demoníacamente los pasos de alguien.
+ Manos: controlar y manipular los negocios de alguien.

Josafat

Josafat anduvo en el camino de Dios hasta que hizo un pacto con el enemigo por medio de un matrimonio. Su hijo se casó con Atalía, pariente de Jezabel. Aunque fue un hombre de Dios, esta acción agregó una connotación negativa a su nombre. Siempre será recordado por haber gozado del favor de Dios, pero haberse vuelto complaciente hasta el punto de hacer un impío pacto con el enemigo. Esto abrió la puerta a la guerra, en la cual él no tenía experiencia y se había olvidado cómo pelear. Josafat se arrepintió y Dios tuvo misericordia de la nación.

Jonás

Jonás era un profeta de Gat Hefer. Es recordado por huir de la voluntad de Dios que le había ordenado que ministrara a los pecadores de Nínive. Él abordó un barco que, debido a su desobediencia, fue asolado por una tormenta que cesó cuando lo arrojaron al mar. Jonás fue tragado por un gran pez, en el que sobrevivió tres días. Luego del tercer día el gran pez lo vomitó en tierra y él obedeció el plan original de Dios de evangelizar Nínive. Sin embargo, Jonás seguía apesadumbrado, y Dios envió un gusano para que se comiera la calabacera que le daba sombra para que sintiera lo que era el calor por estar descubierto y fuera de lugar.

Juana
Juana era una de las mujeres a quienes Jesús liberó de dolencias y espíritus demoníacos; ella se convirtió en seguidora del ministerio de Jesús y fue bienvenida en su círculo íntimo.

Judas Iscariote
Judas Iscariote es identificado como el que traicionó a Jesús. Su nombre está asociado con la misión del enemigo de procurar la traición. Jesús dijo: "¿No os he escogido yo a vosotros los doce, y uno de vosotros es diablo?" (Juan 6:70).

Labán
El tío de Isaac, quien actuó como un amo haciéndolo trabajar por Raquel y por Lea durante muchos años. Él operaba en el espíritu de usura y dependía de un dios doméstico para obtener prosperidad y guía. El hombre fuerte de su vida era la idolatría y la avaricia.

Lázaro
Lázaro era el hermano de Marta y María. Fue levantado de los muertos después de cuatro días.

María Magdalena
Siete demonios fueron echados fuera de María Magdalena, pero ella fue una de las más prominentes mujeres que acompañaron a Jesús. Relatos falsos dicen que Jesús tuvo una relación íntima con ella. Esta es la mayor mentira que se ha dicho y está inspirada por el demonio.

Mefi-boset

Mefi-boset tenía cinco años cuando su padre (Jonatán) y su abuelo (Saúl) murieron en batalla. Su nodriza tomó al niño y huyó al oír de la muerte de sus familiares. Se dice que ella cayó mientras corría con él y sus piernas se quebraron. Sus heridas no fueron cuidadas; creció en un lugar llamado Lodebar y quedó lisiado. Lodebar significa "sin pasto" o "sin pasturaje": un lugar donde no crece nada. David mandó a buscar al muchacho cojo para que se sentara con él a la mesa real. Cambió su nombre de Merib-baal ("de la boca del señor") a Mefi-boset ("el que quita la vergüenza"). Fíjese que la palabra *señor* está con "s" minúscula, lo que denota una connotación demoníaca.

Merodac-baladán

El nombre significa: "Principal dios de Babilonia", nombrado así por su padre, Nabucodonosor, rey de Babilonia. No vivió de acuerdo con su nombre, Merodac-baladán liberó a los cautivos de su padre y les mostró misericordia.

Nabal

Nabal era un rico pastor de ovejas, descendiente de Caleb. Se lo llamó *insensato* por no enviarle provisiones al rey David. Actuó según su nombre: "insensato". Su esposa, Abigail, intercedió y salvó su casa dándole a David lo que necesitaba. Una noche Nabal cayó en completa ebriedad en un banquete. A la mañana siguiente Abigail le contó lo que había sucedido, y la Biblia dice que se enojó tanto que: "desmayó su corazón en él, y se quedó como una piedra" (1 Samuel 25:37). David tomó a Abigail por esposa.

Nabucodonosor

Este nombre significa "Nabu protege mi frontera". Este rey gobernó cuarenta y tres años en Babilonia. Fue coronado un 7 de septiembre, pero no comenzó a reinar sino hasta el 2 de abril, cuando formalmente *tomó las manos* del dios Bel (nombre babilónico de Baal).

Nadab

El hijo mayor de Aarón y hermano de Abiú. Nadab y Abiú murieron en el altar por ofrecer "fuego extraño" a Dios (Levítico 10:1).

Nimrod (vea también reina del cielo)

Nimrod era el nieto de Cam, el hijo de Noé. Gobernó después del diluvio y es el padre de la hechicería. Nimrod se casó con Semíramis (conocida como la reina del cielo), pero también era conocida por ser su madre natural. Nimrod fue el primer semidios u hombre adorado en la tierra. Enseñó a la gente a rebelarse contra Dios. Los historiadores dicen que luego del diluvio la gente era tan humilde que parecía como si el cielo hubiera bajado a la tierra. Se dice que Nimrod alejó espiritualmente el cielo de la tierra enseñando brujería a las gente. Esto se relaciona con la construcción de la torre de Babel. Era algo simbólico para exaltar el trono de Nimrod y parecerse a Dios, basado en la doctrina luciferina.

Ofni (vea también Finees)

Ofni y Finees eran los hijos de Elí, que eran sacerdotes en el tabernáculo en Silo. No se parecían a su padre y tenían mala fama. Murieron llevando el arca del pacto en la batalla contra los filisteos. Debido a sus crímenes el arca fue tomada por años (1 Samuel 4). Sus pecados fueron:

- ◆ No respetar al Señor.
- ◆ Menospreciar las ofrendas.
- ◆ Pecar con las mujeres que velaban a las puertas del tabernáculo.

Og

Og significa "desconocido", y se dice que fue una de las figuras más peculiares de la Biblia. Reinó en Basán, donde estaba el último remanente de los refaím, que era una raza de gigantes.

Omri

Rey de Israel entre 876–869 a. C. Fue el padre del rey Acab y arregló su matrimonio con la malvada reina Jezabel. Se suponía que Omri sería un adorador de Jehová, pero edificó templos a Baal junto al templo de Dios en nombre de la inclusión y el desarrollo económico.

Pasur

Oficial principal y sacerdote del templo, que azotó a Jeremías y lo puso en el cepo (Jeremías 20:2). *Pasur* significa "destrucción todo alrededor". Luego que Jeremías fue liberado, él le dio a Pasur un nuevo nombre, y describió su destino como "terror por todas partes". Jeremías dijo que Pasur vería a sus amigos caer en batalla, Jerusalén sería saqueada y la familia de Pasur sería llevada al exilio. La profecía se cumplió y condujo a la caída de Jerusalén.

Rahab

La prostituta a quien se le reconoce el mérito de ayudar a Israel a entrar en la tierra prometida. A pesar de que era una mujer de la noche, ella es listada en la genealogía de Jesucristo.

Reina del cielo (vea también Nimrod, Tammuz)

Jeremías habló de las mujeres de su tiempo que hacían tortas a la reina del cielo y ofrecían libaciones a otros dioses para provocar a Dios. La reina del cielo se relaciona con la adoración babilónica de dioses del sol y de la luna. Esta deidad tiene muchos nombres, que incluyen: Isis, Diana, diosa del cielo, Semiramis, Astarté, diosa de los montes, diosa madre, Asera.

Roboam (vea también Jeroboam)

Hijo y sucesor del rey Salomón; gobernó durante el colapso del imperio israelita durante diecisiete años. Israel se dividió entre Jeroboam y Roboam. Este hecho demostró que ningún reino dividido puede prevalecer.

Safira (vea también Ananías)
Safira era la esposa de Ananías. La pareja es conocida por haber caído muerta por el poder de Dios al robar lo que estaba dedicado a Él como ofrenda.

Salomé (vea también Herodías)
Hija de Herodías, fue llamada para bailar ante su padrastro (Herodes Antipas) en un banquete. Él estuvo tan complacido con su danza que le entregó la cabeza de Juan el Bautista como obsequio.

Sanbalat (vea también Tobías)
Sanbalat significa "Sin (el dios luna) ha dado vida". Fue uno de los primeros enemigos que trató de detener a Nehemías para que no reconstruyera los muros de Jerusalén. Su cómplice era un hombre llamado Tobías.

Satanás
El príncipe de la oscuridad, llamado el *diablo*. Él es padre de mentiras, autor de confusión y ángel de luz, señor de las moscas, engañador de la humanidad, principal enemigo de Dios, y tiene más títulos y atributos relacionados con el mal.

Saúl (rey)
El rey Saúl es recordado por haber perdido el favor de Dios. Su corazón se había apartado de la gracia profética de Dios y se había volcado a la adivinación, la hechicería y finalmente la necromancia (comunicación con los muertos).

Semaías
El falso profeta entre los cautivos judíos llevados a Babilonia por el rey Nabucodonosor; provocó la ira del Señor al oponerse a Jeremías. Este denunció a Semanas, diciendo que hacía que el pueblo "creyera una mentira".

Senaquerib
Rey de Asiria, enemigo del pueblo de Dios. Era un feroz guerrero que tomó tributo de muchos estados y ciudades. En una de

sus victorias de guerra el botín fue de casi doscientos mil prisioneros y una enorme cantidad de ganado.

Sísera

Comandante del ejército cananeo. El ejército de Dios estaba movilizado contra él; fue uno de los peores enemigos que enfrentaron en batalla. Barac colaboró con la profetisa Débora como comandante del ejército de Israel para perseguir a Sísera. Débora estuvo de acuerdo en ir con Barac a esa batalla solo en el entendimiento de que una mujer se llevaría el crédito de la victoria. Esta mujer fue Jael. Cuando Débora profetizó la muerte de Sísera, la Biblia dice que las estrellas (los ángeles) hicieron una fila sobre la cabeza de Sísera, y él halló su destino de fracaso en la casa de Jael.

Tamar

Tamar estaba casada con el hijo mayor de Judá. Él murió y ella quedó viuda. De acuerdo con la costumbre, ella debía casarse con el segundo hijo de Judá, Onán, de manera que cualquier hijo que ella diera a luz sería descendiente de su primer esposo. Onán rechazó a Tamar y Dios lo mató. Judá postergó el casamiento de Tamar con su tercer hijo por temor a que este también muriera. Tamar fue marginada en la comunidad porque no tenía esposo ni hijos. Se cubrió con un velo, se hizo pasar por una ramera y engañó a su suegro, Judá. Tamar fue liberada del castigo y dio a luz gemelos.

Tamuz (vea también reina del cielo)

Ezequiel 8:14 menciona a las mujeres que endechaban a Tamuz. Esto era considerado una abominación en la casa del Señor. Tamuz es una representación burlona de María y el bebé Jesús. En realidad es una representación de Nimrod *presuntamente* reencarnado en la matriz de Semiramis.

Tobías (vea también Sanbalat)

Enemigo de Nehemías; trabajó con Sanbalat para detener la reconstrucción del muro de Jerusalén.

Uza

Veinte años después que el arca hubiera sido tomada por los filisteos, el rey David la recuperó. Mientras el arca era llevada de regreso a Jerusalén, Uza se inclinó para sostenerla cuando los bueyes tropezaron. La furia del Señor fue contra Uza, quien murió en el acto. La muerte de Uza hizo que David llevara el arca a la casa de Obed-edom. Algunos dicen que el accionar de Uza es un símbolo de tocar lo ungido.

Vasti

Fue esposa del rey Asuero antes que Ester. El rey envió por ella para presumir por su hermosura, y ella se negó a presentarse ante el rey. El rey despojó a Vasti de su corona y promulgó un decreto de que "todo hombre afirmase su autoridad en su casa; y que se publicase esto en la lengua de su pueblo" (Ester 1:22). La comunidad tenía miedo de que Vasti propagara un espíritu de independencia entre las otras esposas y que ellas se rebelaran contra sus maridos.

Zelofehad, las hijas de

Zelofehad murió en el desierto sin dejar herencia para sus cinco hijas, y no tenía ningún heredero varón. Esto significaba que su nombre perecería en el desierto. El nombre *Zelofehad* significa "terror". Las hijas llevaron su caso ante Moisés, diciéndole que el nombre de su padre no debería desaparecer porque no hubiera tenido hijos. Ellas le suplicaron su herencia. Moisés consultó al Señor, y Él les concedió su herencia.

Zeus

Dios griego que fue extremadamente reverenciado durante los tiempos de Pablo. Era el principal de los dioses griegos.

Capítulo 2
Espíritus bíblicos

E STE CAPÍTULO EXAMINA varios espíritus diferentes que se encuentran en la Biblia.

espíritu de adivinación

Cuando este espíritu obra en un individuo se manifiesta tratando de predecir sucesos futuros o descubrir conocimiento oculto por medios sobrenaturales u ocultistas. Referencia escritural: Hechos 16:16–18:

> Aconteció que mientras íbamos a la oración, nos salió al encuentro una muchacha que tenía espíritu de adivinación, la cual daba gran ganancia a sus amos, adivinando. Esta, siguiendo a Pablo y a nosotros, daba voces, diciendo: Estos hombres son siervos del Dios Altísimo, quienes os anuncian el camino de salvación. Y esto lo hacía por muchos días; mas desagradando a Pablo, éste se volvió y dijo al espíritu: Te mando en el nombre de Jesucristo, que salgas de ella. Y salió en aquella misma hora.

Esa muchacha era conocida en la comunidad como adivina o vidente. Aunque dijo la verdad sobre Pablo y su grupo, su intención no era ayudarlos con lo que proclamaba.

espíritu de aflicción

La palabra griega para *espíritu* es *pneúma*. Es la misma palabra que se usa para toda vida y ser espiritual, incluyendo a Dios. Se usa también para *aliento* y *aire*. No implica un *sentimiento* ni una *actitud*. La aflicción es descripta como el efecto de una peste que hace que la piel se oscurezca, la mirada en la edad adulta sea sombría y el espíritu se angustie. Referencia escritural: Isaías 61:3.

A ordenar que a los afligidos de Sión se les dé gloria en lugar de ceniza, óleo de gozo en lugar de luto, manto de alegría en lugar del espíritu angustiado; y serán llamados árboles de justicia, plantío de Jehová, para gloria suya.

La aflicción se vuelve real en nosotros cuando ha habido un fracaso en la fe en algún aspecto de nuestras vidas o cuando hemos ignorado la necesidad de arrepentirnos. La aflicción domina nuestras vidas cuando algún problema nos presiona desde el punto normal a la anormalidad. El diablo siempre nos empuja para que hagamos su voluntad. Cuando el problema nos presiona más de lo que quisiéramos, sabemos que ese problema ha entrado en el área de operación de un hombre fuerte. Según cuán anormal o fuera de control se vuelva, será el nivel de liberación que requiramos para volver a la vida normal que un *hijo de Dios*, un cristiano, debería vivir.

espíritu de celos

Este espíritu se manifiesta mediante la disposición, la actitud o el sentimiento de celos hacia alguien, causando una vigilancia ferviente.

Hebreos 12:15 menciona una raíz de amargura. Cuando esta semilla—posiblemente una semilla de dolor, contienda, o por alguna obra de la carne—es plantada, surgen raíces que luego crecen. Así, la raíz de amargura crece de esa semilla y se convierte en celos, abatimiento y sentimientos semejantes. Los espíritus de los hombres fuertes pueden tener efectos secundarios. Una vez que se establecen, hacen lugar para que otros espíritus tengan un punto de apoyo. La ira se expresa por medio del espíritu de celos, que es el hombre fuerte que energiza a la ira en la vida de la persona. La ira suele cubrirse con engaño. La enterramos, la tragamos, la rellenamos, la guardamos y la ignoramos. Pero vuelve, y entonces tratamos de racionalizarla, analizarla, explicarla, y nos seguimos sintiendo culpables. Cuando la ira se guarda, crece como un fantástico monstruo de ojos verdes. La envidia hace que la gente chismee y haga afirmaciones crueles. Muchas veces se disfraza de admiración, respeto o halagos. Muchas veces muestra resentimiento hacia los demás y pone al descubierto un deseo de abatir a esas personas.

espíritu de enfermedad

La *enfermedad* significa hacerse débil, y puede manifestarse en falta de plenitud física, mental o emocional. Puede ser cualquier desorden persistente en el cuerpo, flaqueza o flojera, cáncer, problemas femeninos, hongos, fiebre, alergias, problemas en los senos, presión sanguínea, artritis, enfermedades coronarias, diabetes, muertes prematuras en la familia o enfermedades mentales.

Referencia escritural: Lucas 13:11–13.

> Y había allí una mujer que desde hacía dieciocho años tenía espíritu de enfermedad, y andaba encorvada, y en ninguna manera se podía enderezar. Cuando Jesús la vio, la llamó y le dijo: Mujer, eres libre de tu enfermedad. Y puso las manos sobre ella; y ella se enderezó luego, y glorificaba a Dios.

Elegimos aceptar a Cristo como nuestro Salvador, y debemos elegir ser sanados. Como la salvación y la sanidad son *obras consumadas*, debemos ir personalmente a Cristo y aceptar de una manera personal lo que Él ya ha hecho por nosotros. Mucha gente no llena los requisitos de Dios para ser salva, de manera que sin importar cuánto quiera Dios que reciba la salvación, sigue sin hacerlo porque Dios no violará la voluntad del hombre. Muchas veces los cristianos no son sanados porque ha habido una falla en su conocimiento sobre cuál es la voluntad de Dios sobre la sanidad. Dios no puede ser utilizado como pretexto. En estos tiempos de divorcios sin culpa, accidentes sin culpa y acciones violentas sin culpa, de todo lo cual se culpa a la sociedad, no se debe admitir esa forma de pensar para excusarnos de la responsabilidad que tenemos para recibir sanidad y todas las otras cosas que Dios nos ha prometido.

La verdad es que, sin importar si todos creen o no, la Biblia nos confirma que es así, y los que se dan cuenta de que está disponible, lo creen, cumplen los requisitos que Dios ha especificado y la reciben, son los que experimentan la sanidad que Dios ha dispuesto libremente para cada uno. La increíble verdad es que las tradiciones, enseñanzas y prejuicios de los hombres y las denominaciones han robado a millones de cristianos esta tremenda bendición de Dios. Necesitamos tener una revelación de la Palabra de Dios. Muchos están ciegos respecto de las promesas de la Palabra de Dios, que también incluyen el bautismo del Espíritu Santo con la evidencia del hablar en una lengua desconocida, la fe, la protección, el echar fuera demonios y muchas otras cosas legítimas sobre las cuales Jesús puso su sello de aprobación cuando estuvo sobre esta tierra. En estos últimos días las vendas se caerán porque hay un mundo lleno de gente que está buscando la realidad del poder de Dios en sus vidas, y nosotros somos los escogidos por Dios para alcanzarlo.

espíritu de engaño
Este es un espíritu marcado por la falsedad o que la contiene. Hace que la gente dude de su salvación (de ser salva), crea que su lenguaje de oración no es válido y que Dios no la sanará, no proveerá para sus necesidades ni la protegerá. Estas mentiras del enemigo hacen creer a las personas que son incapaces. Esto es un engaño del enemigo. Falsear es otra forma de engañar. Ambas prácticas se han convertido en una epidemia en la sociedad actual, y le cuesta millones de dólares a quienes pagan sus impuestos cada año. El engaño y la mentira son trampas del enemigo. El maligno y sus diablillos influencian y usan a las personas para cumplir sus propios propósitos.

El diablo utiliza trucos, engaños e ilusiones para hacernos creer cosas que no son más que sombras y falsas impresiones. Satanás es un excelente ilusionista que manipula las circunstancias para que parezcan contrarias a la Palabra de Dios. El engaño es una de las características escalofriantes de los últimos tiempos de esta era de la gracia. Jesús nos lo advierte claramente: "Mirad que nadie os engañe" (Mateo 24:4). Ser crítico es acusar, juzgar o cuestionar las motivaciones de otros. Apocalipsis 12:10 dice que Satanás es el acusador de los hermanos: "Porque ha sido lanzado fuera el acusador de nuestros hermanos, el que los acusaba delante de nuestro Dios día y noche". Cuando acusamos, cuestionamos o criticamos a un hermano en Cristo, estamos colocándonos del lado del enemigo. Un espíritu mentiroso puede usar eso para abrir una puerta que el diablo puede usar para tomar ventaja y anularnos espiritualmente. Solo Dios conoce las intenciones del corazón del hombre, y por lo tanto Él es el único que puede juzgar de verdad lo que ocurre en los corazones de otros. Nosotros debemos disciplinar nuestras mentes para que cada vez que tengamos la tentación de criticar elijamos no hacerlo por el poder del Espíritu Santo.

espíritu de error
Este es el estado o condición de quien está equivocado en su conducta o juicio.
Referencia escritural: 1 Juan 4:6.

> Nosotros somos de Dios; el que conoce a Dios, nos oye; el que no es de Dios, no nos oye. En esto conocemos el espíritu de verdad y el espíritu de error.

Primera de Juan 4:5 dice que nos guardemos de las personas que tratan de aplicar la terminología del mundo a las cosas de Dios: "Ellos son del mundo; por eso hablan del mundo, y el mundo los oye". Los que son del mundo hablan en los términos en que habla el mundo. Pablo nos asegura que como creyentes estamos en el plano espiritual más alto debido a nuestra fe en Cristo: "Aún estando nosotros muertos en pecados, nos dio vida juntamente con Cristo (por gracia sois salvos), y juntamente con él nos resucitó, y asimismo nos hizo sentar en los lugares celestiales con Cristo Jesús" (Efesios 2:5–6). Satanás, como ángel de luz, (2 Corintios 11:14), dice a la gente en lo oculto que tienen acceso a un conocimiento espiritual secreto, pero de acuerdo con Mateo 16:23 y 1 Corintios 2:8 solo tienen el conocimiento terrenal y limitado al que tiene acceso Satanás.

Todo creyente tiene acceso a la sabiduría oculta de Dios y a los misterios del reino de los cielos (Mateo 16:23). "Sin embargo, hablamos sabiduría entre los que han alcanzado madurez; y sabiduría, no de este siglo, ni de los príncipes de este siglo, que perecen. Mas hablamos sabiduría de Dios en misterio, la sabiduría oculta, la cual Dios predestinó antes de los siglos para nuestra gloria" (1 Corintios 2:6–7). "Pero la unción que vosotros recibisteis de él permanece en vosotros, y no tenéis necesidad de que nadie os enseñe; así como la unción misma os enseña todas las cosas, y es verdadera, y no es mentira, según ella os ha enseñado, permaneced en él" (1 Juan 2:27).

espíritu de esclavitud
Este es un espíritu que hace que una persona sea esclava del temor.

Referencia escritural: Romanos 8:15.

> Pues no habéis recibido el espíritu de esclavitud para estar otra vez en temor, sino que habéis recibido el espíritu de adopción, por el cual clamamos: "¡Abba, Padre!".

Tal persona está en un estado de adormecimiento espiritual y no puede discernir entre lo bueno y lo malo. Las tinieblas cubren su entendimiento de manera que no puede dejar entrar la luz de la Palabra de Dios. No sabe prácticamente nada sobre Dios y no le preocupa esta deficiencia. No ve peligro alguno para su alma, no se da cuenta de que está parado al borde del abismo. Está tan inconsciente que ni siquiera tiene la capacidad de sentir temor. Está en un estado natural en el que reconoce su pecado pero piensa que puede confiar en la misericordia de Dios sin arrepentimiento y que así llegará al cielo. Quienes tienen la mayor ignorancia sobre Dios son los llamados *hombres de conocimiento*. Alardean sobre sus aptitudes y logros, y consideran que sus mentes están abiertas a la verdad espiritual, pero "la luz del evangelio de la gloria de Cristo, el cual es la imagen de Dios" jamás ha brillado sobre ellos (2 Corintios 4:4). Tienen conocimiento, pero no sabiduría pura, "la sabiduría que es de lo alto" (Santiago 3:17). Todas esas personas son servidoras del pecado y por lo tanto, de acuerdo con Dios, están en esclavitud espiritual.

¿Cómo pueden ellos ser convencidos de su estado pecaminoso? Primero, deben ser llevados a temer a Dios y a su ley.

El estado del hombre bajo la ley

La Palabra de Dios es capaz de despertar a quien está espiritualmente dormido y abrirle los ojos sobre el peligro del pecado en el que está. Hasta cierto punto los ojos del entendimiento son abiertos por Dios de manera que el hombre pueda ver su verdadero estado. La persona entonces ve la realidad de lo pecaminoso, la ardiente condenación que le espera, y también ve el poder salvador del amor y la misericordia de Dios. Esta persona pronto se da cuenta de que es culpable de quebrantar la ley de Dios, y que continuamente se ha negado a ser un verdadero seguidor del Señor Jesucristo. Cae en la cuenta de que todas sus ideas religiosas son simplemente *hojas de higuera* y *trapos de inmundicia* (Génesis 3:7; Isaías 64:6), es decir, hipocresía y fachada. Así, un verdadero temor de Dios se establece en su corazón cuando reconoce que Dios tiene todo el derecho de sumergir su cuerpo y alma en el infierno.

Tal persona no debe tratar de reformar su vida para estar bien con Dios; si lo intenta estará segura de encontrarse en un nivel de esclavitud aún más profundo. Quienes desean huir de la esclavitud deben ir al único Salvador de sus almas (Romanos 7:24–8:1). La ley de Dios está trabajando en sus corazones para revelarles su pecaminosidad y dirigirlos hacia Cristo. Este es el sano temor de Dios, pero la voluntad de Dios no es que permanezca con un *espíritu de temor y esclavitud*; la voluntad de Dios es que usted tenga un *espíritu de adopción*. Así que por un tiempo el diablo se echará atrás, y entonces esa persona conscientemente, por ignorancia o por rebelión abrirá puertas y el enemigo volverá a controlar su vida. Para ser rescatada para siempre, la persona debe cooperar completamente entregando su vida a Cristo y aprendiendo a resistir al enemigo por sí misma.

El estado del hombre bajo la gracia (el creyente nacido de nuevo)

Como creyentes nacidos de nuevo tenemos un pacto vigente con Dios. Jesús ganó la guerra sobre el enemigo y lo demostró abiertamente "despojando a los principados y a las potestades, los exhibió públicamente, triunfando sobre ellos en la cruz" (Colosenses 2:15). Luego destruyó las obras del enemigo, de acuerdo con 1 Juan 3:8: "Para esto apareció el Hijo de Dios, para deshacer las obras del diablo". Cuando cerramos las puertas al enemigo y soltamos sus obras en el nombre de Jesús, eso es un hecho consumado. No necesitamos seguir desatándolo; solo debemos recordarle esto cuando nos damos cuenta de que está merodeando alrededor de nosotros otra vez. Si usted cae en pecado y vuelve a abrir la puerta al enemigo, arrepiéntase y repita el proceso de cerrar la puerta.

Es muy importante que continuemos leyendo sistemáticamente la Palabra. Eso construirá fortaleza espiritual para cada día y nos dará el deseo de mantener comunión con el Señor por medio de la oración. Satanás siempre intenta volver y retomar el terreno que alguna vez tuvo. En cualquier área de la batalla espiritual debemos tomar el terreno y luego pararnos allí, orando en el espíritu para mantenernos firmes: "orando en todo tiempo con toda oración y súplica en el Espíritu, y velando en ello con toda perseverancia y súplica por todos los santos" (Efesios 6:18). Demasiadas veces logramos una victoria y después olvidamos mantenernos firmes y así perdemos la sanidad. Cuando Satanás trate de moverlo con antiguos síntomas, repréndalo inmediatamente: "No perdáis, pues, vuestra confianza, que tiene grande galardón; porque os es necesaria la paciencia, para que habiendo hecho la voluntad de Dios, obtengáis la promesa" (Hebreos 10:35–36).

espíritu de fornicación

Esto se manifiesta por la actividad o el estado de fornicación. Referencia escritural: Oseas 5:4

> No piensan en convertirse a su Dios, porque espíritu de fornicación está en medio de ellos, y no conocen a Jehová.

El espíritu de fornicación es parte de la red de espíritus malignos de Jezabel. Jehú menciona a las prostitutas y las hechiceras de Jezabel en 2 Reyes 9:22: "Cuando vio Joram a Jehú, dijo: '¿Hay paz, Jehú?'. Y él respondió: '¿Qué paz, con las fornicaciones de Jezabel tu madre, y sus muchas hechicerías?'". Las fornicaciones de Jezabel incluían adulterio, prostitución, degradación y toda clase de pecados sexuales. La fornicación se refiere también a la traición a la fidelidad, el rompimiento de los votos y la prostitución propia y de otros para avanzar.

espíritu de muerte

Este es el espíritu asignado para poner fin y hacer que ciertas entidades se extingan.
Referencias escriturales: Hebreos 2:14–15.

> Así que, por cuanto los hijos participaron de carne y sangre, él también participó de lo mismo, para destruir por medio de la muerte al que tenía el imperio de la muerte, esto es, al diablo, y librar a todos los que por el temor de la muerte estaban durante toda la vida sujetos a servidumbre.

En lo que concierne a la muerte, estamos en el tiempo de Dios y no del diablo, en tanto nos preparemos para esta transición de nuestras vidas llenando nuestros corazones con fe y no con temor. Jesús nos ha liberado de la esclavitud de manera que tenemos derecho a resistir cualquier temor y, particularmente en este caso, el temor a la muerte. Cada vez que asoma su espantosa cabeza, usted debe tomar autoridad en el nombre de Jesús y permitir que la fe en Dios inunde su espíritu. No admita en su mente pensamientos sobre cómo podría morir o sobre cómo se sentirá la muerte en lo físico ni cualquier otro truco que el diablo quiera usar para apartarlo de su fe y llevarlo al temor. Échelos fuera de su mente como dice 2 Corintios 10:3–5, y piense en lo que Dios nos dice sobre cómo será la muerte para sus hijos. A través de todo el Nuevo Testamento se refiere a la muerte como ir a dormir y despertar en el cielo. Eso suena maravilloso y así es exactamente. Es parte de nuestra herencia como hijos de Dios si lo recibimos por fe, así como todo lo demás que Dios nos ha prometido en su Palabra.

espíritu de seducción

Un espíritu de seducción atrae a alguien a una creencia o un curso de acción que no resulta aconsejable o que es imprudente, como por ejemplo instigarlo a la actividad sexual.

Referencia escritural: 1 Timoteo 4:1.

> Pero el Espíritu dice claramente que en los postreros tiempos algunos apostatarán de la fe, escuchando a espíritus engañadores y a doctrinas de demonios.

Cuando la línea entre el cristianismo y el mundo llega a ser muy borrosa, no podemos distinguir la diferencia entre los dos, entonces en cristianismo deja de ser cristianismo: ¡se convirtió en el mundo! "Y si mal os parece servir a Jehová, escogeos hoy a quién sirváis; si a los dioses a quienes sirvieron vuestros padres, cuando estuvieron al otro lado del río, o a los dioses de los amorreos en cuya tierra habitáis; pero yo y mi casa serviremos a Jehová" (Josué 24:15).

"De una misma boca proceden bendición y maldición. Hermanos míos, esto no debe ser así. ¿Acaso alguna fuente echa por una misma abertura *agua* dulce y amarga? Hermanos míos, ¿puede acaso la higuera producir aceitunas, o la vid higos? Así también ninguna fuente puede dar agua salada y dulce" (Santiago

3:10–12). Se supone que debemos ser diferentes del mundo. "Ningún siervo puede servir a dos señores; porque o aborrecerá al uno y amará al otro, o estimará al uno y menospreciará al otro. No podéis servir a Dios y a las riquezas" (Lucas 16:13). En nuestra sociedad hay tal aversión a ser diferente que, lamentablemente, eso está afectando a la iglesia de manera negativa. La verdad es que si no hay diferencia entre los cristianos y los pecadores, ¿por qué los pecadores querrían ser cristianos? La teoría de que tenemos que tomar prestado la música del mundo para atraer a los no salvos está equivocada desde el principio.

espíritu de soberbia

El espíritu de soberbia es el cultivo, la preservación o la exaltación del yo. Es la protección del yo. La soberbia es compromiso con el yo. Es edificar el yo ante los ojos del mismo individuo y de otros. La soberbia es una creencia desmedida en la propia superioridad, valor y mérito. La soberbia es la raíz de muchos pecados. Referencia escritural: Proverbios 16:18.

> Antes del quebrantamiento es la soberbia, y antes de la caída la altivez de espíritu.

Cristo nos dio un claro ejemplo de cómo funciona este espíritu:

> A unos que confiaban en sí mismos como justos, y menospreciaban a los otros, dijo también esta parábola: Dos hombres subieron al templo a orar: uno era fariseo, y el otro publicano. El fariseo, puesto en pie, oraba consigo mismo de esta manera: Dios, te doy gracias porque no soy como los otros hombres, ladrones, injustos, adúlteros, ni aun como este publicano; ayuno dos veces a la semana, doy diezmos de todo lo que gano. Mas el publicano, estando lejos, no quería ni aun alzar los ojos al cielo, sino que se golpeaba el pecho, diciendo: Dios, sé propicio a mí, pecador. Os digo que éste descendió a su casa justificado antes que el otro; porque cualquiera que

se enaltece, será humillado; y el que se humilla será enaltecido.

—Lucas 18: 9-14

espíritu de temor

Este espíritu hace que las personas sientan reverencia por algo; le tengan un temor reverencial; lo veneren (lo consideren algo sagrado); es una emoción desagradable y a menudo muy fuerte causada por la expectación o la conciencia de peligro; preocupación ansiosa, pánico o terror.

Referencia escritural: 2 Timoteo 1:7.

Porque no nos ha dado Dios espíritu de cobardía, sino de poder, de amor y de dominio propio.

Job dijo: "Porque el temor que me espantaba me ha venido, y me ha acontecido lo que yo temía" (Job 3:25). De acuerdo con el autor de Hebreos, la gente que siente un obsesivo temor a la muerte es esclava de Satanás y debe ser liberada de sus garras antes de que él logre lo que ha dispuesto hacer en su vida. Por esa razón Jesús vino a "librar a todos los que por el temor de la muerte estaban durante toda la vida sujetos a servidumbre" (Hebreos 2:15). El temor puede matar si dejamos que Satanás atraviese nuestras defensas espirituales.

Cuando hablamos de temor debemos entender que hay un temor positivo y otro negativo. El positivo nos ayuda a preservar nuestras vidas. No hacemos cosas tontas como jugar al fútbol en una autopista llena de tránsito porque somos conscientes del terrible daño que podría causar un camión con acoplado al chocar contra un cuerpo humano. Así que, por respeto al camión, jugamos al fútbol en otros lugares. El temor positivo también podría ser catalogado como un profundo respeto o reverencia. Por ejemplo: "El principio de la sabiduría es el temor de Jehová" (Salmos 111:10). Como tenemos un profundo respeto hacia Dios, obedecemos su Palabra y le damos el lugar que merece en nuestras vidas.

El tipo negativo de temor rasga, rompe, paraliza y atormenta. Destruye nuestra fe en Dios y en su Palabra, y abre la puerta a más hostigamiento del diablo. Pablo nos dice: "Porque no nos ha dado Dios espíritu de cobardía" (2 Timoteo 1:7). El origen del temor negativo es satánico. El enemigo lo usa como un garrote para golpear a la gente y someterla a su voluntad, como un matón aterrorizaría a un niño más débil mientras camina a su casa desde la escuela. Los discípulos sufrieron esa clase de temor cuando se acobardaron y se encerraron después que Jesús fue crucificado. No solo sus sueños habían terminado junto con su maestro, sino que además tenían temor de que los mataran. Jesús les había enseñado, tanto de Palabra como por obra, durante tres años que el temor no era algo que ellos debieran aceptar, así que no era por falta de conocimiento que los discípulos se dejaron neutralizar por el temor tras las puertas cerradas.

espíritu del anticristo

El anticristo es un gran opositor personal de Cristo que propagará el mal por todo el mundo antes de ser vencido en la Segunda Venida. Este espíritu hace que una persona o una fuerza se opongan a Cristo o a la Iglesia cristiana.

Referencia escritural: 1 Juan 4:3.

> Y todo espíritu que no confiesa que Jesucristo ha venido en carne, no es de Dios; y este es el espíritu del anticristo, el cual vosotros habéis oído que viene, y que ahora ya está en el mundo.

No todas las manifestaciones o *experiencias espirituales* provienen de Dios. Pero las otras experiencias proyectan un enorme engaño del enemigo sobre sus víctimas para engañarlas y hacerles creer, por ejemplo que todos irán al cielo, acepten o no a Cristo como su Salvador. Las personas que experimentan estos engaños hablan del tremendo *amor* y *luz* que sienten emanar de un *ser* magnífico. Muchos de ellos incluso sienten que es Jesucristo, pero el mensaje que reciben de este ser no está basado en la Palabra de Dios. Por ejemplo, se les dice: "El amor es lo más importante: debemos amar a todos". Es verdad que el amor es muy importante, pero no es suficiente para entrar al cielo. Debemos arrepentirnos de nuestros pecados, aceptar y recibir a Cristo como nuestro Salvador, y vivir de acuerdo con todas las enseñanzas de la Biblia además de amar a todos. Otro mensaje falso es: "Todas las religiones conducen finalmente al cielo". No es cierto. "Entrad por la puerta estrecha; porque ancha es la puerta, y espacioso el camino que lleva a la perdición, y muchos son los que entran por ella; porque estrecha es la puerta, y angosto el camino que lleva a la vida, y pocos son los que la hallan" (Mateo 7:13–14).

espíritu mudo y sordo

Cuando este espíritu se presenta en una persona, ella estará a la vez sorda—sin el sentido del oído, y muda—sin la facultad de hablar.

Referencias escriturales: Marcos 9:17–27

> Y respondiendo uno de la multitud, dijo: Maestro, traje a ti mi hijo, que tiene un espíritu mudo, el cual, dondequiera que le toma, le sacude; y echa espumarajos, y cruje los dientes, y se va secando; y dije a tus discípulos que lo echasen fuera, y no pudieron. Y respondiendo él, les dijo: ¡Oh generación incrédula! ¿Hasta cuándo he de estar con vosotros? ¿Hasta cuándo os he de soportar? Traédmelo. Y se lo trajeron; y cuando el espíritu vio a Jesús, sacudió con violencia al muchacho, quien cayendo en tierra se revolcaba, echando espumarajos. Jesús preguntó al padre: ¿Cuánto tiempo hace que le sucede esto? Y él dijo: Desde niño. Y muchas veces le echa en el fuego y en el agua, para matarle; pero si puedes hacer algo, ten misericordia de nosotros, y ayúdanos.
>
> Jesús le dijo: Si puedes creer, al que cree todo le es posible. E inmediatamente el padre del muchacho clamó y dijo: Creo; ayuda mi incredulidad. Y cuando Jesús vio que la multitud se agolpaba, reprendió al espíritu inmundo, diciéndole: Espíritu mudo y sordo, yo te mando, sal de él, y no entres más en él.

Entonces el espíritu, clamando y sacudiéndole con violencia, salió; y él quedó como muerto, de modo que muchos decían: Está muerto. Pero Jesús, tomándole de la mano, le enderezó; y se levantó.

El incidente relacionado con el muchacho que tenía muchas manifestaciones demoníacas ilustra el hecho de que no es necesario echar fuera cada espíritu menor, uno por uno, como hacen muchos hoy en día. Había muchos síntomas o espíritus menores que se pueden identificar en este caso con solo una simple mirada a las manifestaciones demoníacas. Un espíritu de suicidio hacía que el chico tratara de matarse con fuego y agua. Creemos que existe un espíritu de suicidio, pero es un espíritu menor bajo el liderazgo de un espíritu mudo y sordo. (También puede estar controlado por un espíritu de aflicción o un espíritu de muerte). Había síntomas mentales que se manifestaban como acciones que no serían normales en un muchacho sano. Creemos que existe un espíritu de demencia, pero es solo un espíritu menor que actúa bajo el liderazgo de un espíritu mudo y sordo. Jesús no echó fuera el espíritu de suicidio ni el espíritu de demencia. Él miró en el mundo espiritual y vio que el espíritu dominante u hombre fuerte era un espíritu sordo y mudo. Cuando Él echó fuera el espíritu sordo y mudo, todos los espíritus menores se fueron con él. Incluso en la guerra física cuando el general se rinde, todas las tropas bajo su mando se rinden con él. En el mundo espiritual el espíritu menor sabe que el demonio más fuerte ha sido echado fuera, y que ya no le queda ninguna posibilidad de éxito porque es más débil, de manera que debe irse junto con el hombre fuerte. En lugar de ir de abajo hacia arriba, Jesús comenzó desde arriba. Cuando *pilló* al hombre fuerte, la batalla terminó. Jesús dedicó algún tiempo a hacerle al padre algunas preguntas sobre el muchacho. No estaba conversando. Parte de los problemas del chico tenían que ver con la falta de fe de su padre. Cuando Jesús aclaró esto, hubo liberación.

espíritu perverso
Pervertir significa torcer o sacar del curso natural.

Referencia escritural: Santiago 1:13–15

> Cuando alguno es tentado, no diga que es tentado de parte
> de Dios; porque Dios no puede ser tentado por el mal, ni él
> tienta a nadie; sino que cada uno es tentado, cuando de su
> propia concupiscencia es atraído y seducido. Entonces la con-
> cupiscencia, después que ha concebido, da a luz el pecado; y
> el pecado, siendo consumado, da a luz la muerte.

Todo pecado que comete el ser humano comienza como un pensamiento. Satanás deja caer en nuestras mentes un pensamiento malvado, y si no lo rechazamos, ese pensamiento crece y se convierte en un catalizador para que el pecado tome lugar. El pecado y el mal comienzan en la mente como resultado de íntimos deseos o inclinaciones de nuestro corazón que no se sujetan a la Palabra de Dios y al Espíritu Santo. "Porque del corazón salen los malos pensamientos, los homicidios, los adulterios, las fornicaciones, los hurtos, los falsos testimonios, las blasfemias. Estas cosas son las que contaminan al hombre; pero el comer con las manos sin lavar no contamina al hombre" (Mateo 15:19–20).

Si no se interrumpen los patrones de malos pensamientos y no se echan fuera, se comienza a aceptar voluntariamente esos pensamientos o acciones y estos empiezan a cobrar vida propia, hasta que se convierten en pecados y finalmente hacen que la persona se pierda espiritualmente. Cualquier tergiversación o perversión de algo bueno se activa por medio de un espíritu perverso. Él depositará un pensamiento en la mente de alguien y alentará a esa persona a actuar de acuerdo con lo que ya se ha sembrado en su corazón. Cualquier pensamiento que no sea echado fuera y llevado a la sujeción a la Palabra de Dios comenzará inmediatamente a construir una fortaleza en la mente. La imaginación y las fantasías a las que damos lugar comienzan a edificar muros más altos y fuertes cada día, hasta que se llega a pensar que esas cosas no son de ningún modo perversas ni malas. De hecho, la persona se siente muy cómoda con ellos y disfruta revisándolos en privado. Estos pensamientos pueden tomar la forma de perversiones, enfermedades, temores, pobreza, homosexualidad, aborto o cualquier otra dirección contraria a la Palabra de Dios. Mientras se permitan y se acepten, se quedarán.

espíritus familiares

Hay dos clases de espíritus familiares: 1) un demonio familiar o maldición generacional; también un espíritu asociado que se familiariza demasiado con una persona, lugar o cosa; 2) brujería que funciona por medio de la adivinación. Este espíritu actúa a través de médiums y opera como un falso espíritu santo o un falso profeta.

Referencia escritural: 1 Samuel 28:5–19

Y cuando vio Saúl el campamento de los filisteos, tuvo miedo, y se turbó su corazón en gran manera. Y consultó Saúl a Jehová; pero Jehová no le respondió ni por sueños, ni por Urim, ni por profetas. Entonces Saúl dijo a sus criados: Buscadme una mujer que tenga espíritu de adivinación, para que yo vaya a ella y por medio de ella pregunte. Y sus criados le respondieron: He aquí hay una mujer en Endor que tiene espíritu de adivinación. Y se disfrazó Saúl, y se puso otros vestidos, y se fue con dos hombres, y vinieron a aquella mujer de noche; y él dijo: Yo te ruego que me adivines por el espíritu de adivinación, y me hagas subir a quien yo te dijere.

Y la mujer le dijo: He aquí tú sabes lo que Saúl ha hecho, cómo ha cortado de la tierra a los evocadores y a los adivinos. ¿Por qué, pues, pones tropiezo a mi vida, para hacerme morir? Entonces Saúl le juró por Jehová, diciendo: Vive Jehová, que ningún mal te vendrá por esto. La mujer entonces dijo: ¿A quién te haré venir? Y él respondió: Hazme venir a Samuel. Y viendo la mujer a Samuel, clamó en alta voz, y habló aquella mujer a Saúl, diciendo: ¿Por qué me has engañado? pues tú eres Saúl. Y el rey le dijo: No temas. ¿Qué has visto? Y la mujer respondió a Saúl: He visto dioses que suben de la tierra.

El le dijo: ¿Cuál es su forma? Y ella respondió: Un hombre anciano viene, cubierto de un manto. Saúl entonces entendió que era Samuel, y humillando el rostro a tierra, hizo gran reverencia. Y Samuel dijo a Saúl: ¿Por qué me has inquietado haciéndome venir? Y Saúl respondió: Estoy muy angustiado, pues los filisteos pelean contra mí, y Dios se ha apartado de mí, y no me responde más, ni por medio de profetas ni por sueños; por esto te he llamado, para que me declares lo que tengo que hacer. Entonces Samuel dijo: ¿Y para qué me preguntas a mí, si Jehová se ha apartado de ti y es tu enemigo? Jehová te ha hecho como dijo por medio de mí; pues Jehová ha quitado el reino de tu mano, y lo ha dado a tu compañero, David. Como tú no obedeciste a la voz de Jehová, ni cumpliste el ardor de su ira contra Amalec, por eso Jehová te ha hecho esto hoy. Y Jehová entregará a Israel también contigo en manos de los filisteos; y mañana estaréis conmigo, tú y tus hijos; y Jehová entregará también al ejército de Israel en mano de los filisteos.

Espíritu familiar es la denominación de un tipo específico de espíritu maligno. Se lo clasifica así por su principal característica: la familiaridad. Es una relación, una cierta familiaridad con una persona o personalidad. Por ejemplo, la mujer que Pablo encontró en Macedonia tenía un espíritu familiar que le concedió sus poderes de adivinación (Hechos 16:16–18). Los espíritus familiares son comunes entre quienes practican el espiritismo y la brujería, pero su actividad no se limita en absoluto a las personas y prácticas tan obviamente ocultistas. Los espíritus malignos son personalidades que tienen la capacidad de relacionarse entre sí. De la misma manera, una persona puede desarrollar y forjar una relación cercana con un espíritu maligno.

Cuando una persona forja una relación con un espíritu maligno (ya sea con mala intención o por ignorancia), tendrá un espíritu familiar. La comunicación es la característica principal de un espíritu familiar. El espíritu responde rápidamente al llamado de un médium. Un médium, tal como la bruja de Endor a quien Saúl consultó en 1 Samuel 28:7, es considerado un *mediador*, que entabla una comunicación entre el mundo terrenal y el demoníaco. Por consiguiente, aquél que se convierte en un canal de comunicación para un espíritu maligno es un médium y tiene un espíritu familiar.

Conversar con demonios y enseñar a los demás a utilizar la información que recibió de ellos—que es expresar mensajes de los demonios—es una forma de canalizar. La persona que tiene un espíritu familiar sirve como la vasija que contiene ese espíritu. El espíritu habita en la persona. Por lo tanto, la persona que tiene el espíritu familiar está endemoniada.

El engaño está siempre presente en la relación con un espíritu familiar. Generalmente el que tiene ese espíritu cree que quien lo acompaña es bueno, no malo, o piensa (o espera) que algún tipo de beneficio salga de esa relación. Incluso puede creer que ese espíritu familiar es el Espíritu Santo (pruebe siempre los espíritus de acuerdo con 1 Juan 4:2). La persona que tiene un espíritu familiar puede no reconocer que está teniendo una relación con una entidad espiritual. Puede creer que sus experiencias están solamente dentro de su imaginación y fantasías. O puede creer que ha hecho contacto con el mundo espiritual de Dios mediante su mente en lugar de haberlo hecho por medio de su espíritu. De este modo, puede estar entrampado, no porque esté buscando el mal, sino porque está buscando algo bueno por un camino equivocado.

Capítulo 3

Escrituras relativas al diablo y sus demonios

E<small>N ESTE CAPÍTULO</small> he incluido pasajes de la Escritura para ayudarlo a comprender más acerca del demonio, sus obras y su destino final: el infierno y el lago de fuego.

Y nunca más sacrificarán sus sacrificios a los demonios, tras de los cuales han fornicado; tendrán esto por estatuto perpetuo por sus edades.

—LEVÍTICO 17:7

Sacrificaron a los demonios, y no a Dios; a dioses que no habían conocido, a nuevos dioses venidos de cerca, que no habían temido vuestros padres.

—DEUTERONOMIO 32:17

Y él designó sus propios sacerdotes para los lugares altos, y para los demonios, y para los becerros que él había hecho.

—2 CRÓNICAS 11:15

Sacrificaron sus hijos y sus hijas a los demonios.

—SALMOS 106:37

Entonces Jesús fue llevado por el Espíritu al desierto, para ser tentado por el diablo.

—MATEO 4:1

Entonces el diablo le llevó a la santa ciudad, y le puso sobre el pináculo del templo.

—MATEO 4:5

Otra vez le llevó el diablo a un monte muy alto, y le mostró todos los reinos del mundo y la gloria de ellos.

—MATEO 4:8

El diablo entonces le dejó; y he aquí vinieron ángeles y le servían.

—MATEO 4:11

Y se difundió su fama por toda Siria; y le trajeron todos los que tenían dolencias, los afligidos por diversas enfermedades y tormentos, los endemoniados, lunáticos y paralíticos; y los sanó.

—MATEO 4:24

Muchos me dirán en aquel día: Señor, Señor, ¿no profetizamos en tu nombre, y en tu nombre echamos fuera demonios, y en tu nombre hicimos muchos milagros?

—MATEO 7:22

Y cuando llegó la noche, trajeron a él muchos endemoniados; y con la palabra echó fuera a los demonios, y sanó a todos los enfermos.

—MATEO 8:16

Cuando llegó a la otra orilla, a la tierra de los gadarenos, vinieron a su encuentro dos endemoniados que salían de los sepulcros, feroces en gran manera, tanto que nadie podía pasar por aquel camino.

—MATEO 8:28

Y los demonios le rogaron diciendo: Si nos echas fuera, permítenos ir a aquel hato de cerdos.

—MATEO 8:31

Y los que los apacentaban huyeron, y viniendo a la ciudad, contaron todas las cosas, y lo que había pasado con los endemoniados.

—MATEO 8:33

Mientras salían ellos, he aquí, le trajeron un mudo, endemoniado.

—MATEO 9:32

Y echado fuera el demonio, el mudo habló; y la gente se maravillaba, y decía: Nunca se ha visto cosa semejante en Israel.

—MATEO 9:33

Pero los fariseos decían: Por el príncipe de los demonios echa fuera los demonios.

—MATEO 9:34

Sanad enfermos, limpiad leprosos, resucitad muertos, echad fuera demonios; de gracia recibisteis, dad de gracia.

—MATEO 10:8

Porque vino Juan, que ni comía ni bebía, y dicen: Demonio tiene.

—MATEO 11:18

Entonces fue traído a él un endemoniado, ciego y mudo; y le sanó, de tal manera que el ciego y mudo veía y hablaba.

—MATEO 12:22

Mas los fariseos, al oírlo, decían: Este no echa fuera los demonios sino por Beelzebú, príncipe de los demonios.

—MATEO 12:24

Y si yo echo fuera los demonios por Beelzebú, ¿por quién los echan vuestros hijos? Por tanto, ellos serán vuestros jueces.

—MATEO 12:27

Pero si yo por el Espíritu de Dios echo fuera los demonios, ciertamente ha llegado a vosotros el reino de Dios.

—MATEO 12:28

El enemigo que la sembró es el diablo; la siega es el fin del siglo; y los segadores son los ángeles.

—Mateo 13:39

Y he aquí una mujer cananea que había salido de aquella región clamaba, diciéndole: ¡Señor, Hijo de David, ten misericordia de mí! Mi hija es gravemente atormentada por un demonio.

—Mateo 15:22

Y reprendió Jesús al demonio, el cual salió del muchacho, y éste quedó sano desde aquella hora.

—Mateo 17:18

Entonces dirá también a los de la izquierda: Apartaos de mí, malditos, al fuego eterno preparado para el diablo y sus ángeles.

—Mateo 25:41

Cuando llegó la noche, luego que el sol se puso, le trajeron todos los que tenían enfermedades, y a los endemoniados.

—Marcos 1:32

Y sanó a muchos que estaban enfermos de diversas enfermedades, y echó fuera muchos demonios; y no dejaba hablar a los demonios, porque le conocían.

—Marcos 1:34

Y predicaba en las sinagogas de ellos en toda Galilea, y echaba fuera los demonios.

—Marcos 1:39

y que tuviesen autoridad para sanar enfermedades y para echar fuera demonios.

—Marcos 3:15

Pero los escribas que habían venido de Jerusalén decían que tenía a Beelzebú, y que por el príncipe de los demonios echaba fuera los demonios.

—Marcos 3:22

Y le rogaron todos los demonios, diciendo: Envíanos a los cerdos para que entremos en ellos.

—Marcos 5:12

Vienen a Jesús, y ven al que había sido atormentado del demonio, y que había tenido la legión, sentado, vestido y en su juicio cabal; y tuvieron miedo.

—Marcos 5:15

Y les contaron los que lo habían visto, cómo le había acontecido al que había tenido el demonio, y lo de los cerdos.

—Marcos 5:16

Al entrar él en la barca, el que había estado endemoniado le rogaba que le dejase estar con él.

—Marcos 5:18

Y echaban fuera muchos demonios, y ungían con aceite a muchos enfermos, y los sanaban.

—Marcos 6:13

La mujer era griega, y sirofenicia de nación; y le rogaba que echase fuera de su hija al demonio.

—Marcos 7:26

Pero Jesús le dijo: Deja primero que se sacien los hijos, porque no está bien tomar el pan de los hijos y echarlo a los perrillos.

—Marcos 7:27

Entonces le dijo: Por esta palabra, vé; el demonio ha salido de tu hija.

—Marcos 7:29

Y cuando llegó ella a su casa, halló que el demonio había salido, y a la hija acostada en la cama.

—MARCOS 7:30

Juan le respondió diciendo: Maestro, hemos visto a uno que en tu nombre echaba fuera demonios, pero él no nos sigue; y se lo prohibimos, porque no nos seguía.

—MARCOS 9:38

Habiendo, pues, resucitado Jesús por la mañana, el primer día de la semana, apareció primeramente a María Magdalena, de quien había echado siete demonios.

—MARCOS 16:9

Y estas señales seguirán a los que creen: En mi nombre echarán fuera demonios; hablarán nuevas lenguas.

—MARCOS 16:17

por cuarenta días, y era tentado por el diablo. Y no comió nada en aquellos días, pasados los cuales, tuvo hambre.

—LUCAS 4:2

Entonces el diablo le dijo: Si eres Hijo de Dios, di a esta piedra que se convierta en pan.

—LUCAS 4:3

Y le llevó el diablo a un alto monte, y le mostró en un momento todos los reinos de la tierra.

—LUCAS 4:5

Y le dijo el diablo: A ti te daré toda esta potestad, y la gloria de ellos; porque a mí me ha sido entregada, y a quien quiero la doy.

—LUCAS 4:6

Y cuando el diablo hubo acabado toda tentación, se apartó de él por un tiempo.

—LUCAS 4:13

Estaba en la sinagoga un hombre que tenía un espíritu de demonio inmundo, el cual exclamó a gran voz.

—Lucas 4:33

Y Jesús le reprendió, diciendo: Cállate, y sal de él. Entonces el demonio, derribándole en medio de ellos, salió de él, y no le hizo daño alguno.

—Lucas 4:35

También salían demonios de muchos, dando voces y diciendo: Tú eres el Hijo de Dios. Pero él los reprendía y no les dejaba hablar, porque sabían que él era el Cristo.

—Lucas 4:41

Porque vino Juan el Bautista, que ni comía pan ni bebía vino, y decís: Demonio tiene.

—Lucas 7:33

y algunas mujeres que habían sido sanadas de espíritus malos y de enfermedades: María, que se llamaba Magdalena, de la que habían salido siete demonios.

—Lucas 8:2

Y los de junto al camino son los que oyen, y luego viene el diablo y quita de su corazón la palabra, para que no crean y se salven.

—Lucas 8:12

Al llegar él a tierra, vino a su encuentro un hombre de la ciudad, endemoniado desde hacía mucho tiempo; y no vestía ropa, ni moraba en casa, sino en los sepulcros.

—Lucas 8:27

(Porque mandaba al espíritu inmundo que saliese del hombre, pues hacía mucho tiempo que se había apoderado de él; y le ataban con cadenas y grillos, pero rompiendo las cadenas, era impelido por el demonio a los desiertos).

—Lucas 8:29

Y le preguntó Jesús, diciendo: ¿Cómo te llamas? Y él dijo: Legión. Porque muchos demonios habían entrado en él.

—Lucas 8:30

Y los demonios, salidos del hombre, entraron en los cerdos; y el hato se precipitó por un despeñadero al lago, y se ahogó.

—Lucas 8:33

Y salieron a ver lo que había sucedido; y vinieron a Jesús, y hallaron al hombre de quien habían salido los demonios, sentado a los pies de Jesús, vestido, y en su cabal juicio; y tuvieron miedo.

—Lucas 8:35

Y los que lo habían visto, les contaron cómo había sido salvado el endemoniado.

—Lucas 8:36

Y el hombre de quien habían salido los demonios le rogaba que le dejase estar con él; pero Jesús le despidió.

—Lucas 8:38

Habiendo reunido a sus doce discípulos, les dio poder y autoridad sobre todos los demonios, y para sanar enfermedades.

—Lucas 9:1

Y mientras se acercaba el muchacho, el demonio le derribó y le sacudió con violencia; pero Jesús reprendió al espíritu inmundo, y sanó al muchacho, y se lo devolvió a su padre.

—Lucas 9:42

Entonces respondiendo Juan, dijo: Maestro, hemos visto a uno que echaba fuera demonios en tu nombre; y se lo prohibimos, porque no sigue con nosotros.

—Lucas 9:49

Volvieron los setenta con gozo, diciendo: Señor, aun los demonios se nos sujetan en tu nombre.

—Lucas 10:17

Estaba Jesús echando fuera un demonio, que era mudo; y aconteció que salido el demonio, el mudo habló; y la gente se maravilló.

—Lucas 11:14

Pero algunos de ellos decían: Por Beelzebú, príncipe de los demonios, echa fuera los demonios.

—Lucas 11:15

Y si también Satanás está dividido contra sí mismo, ¿cómo permanecerá su reino? ya que decís que por Beelzebú echo yo fuera los demonios.

—Lucas 11:18

Pues si yo echo fuera los demonios por Beelzebú, ¿vuestros hijos por quién los echan? Por tanto, ellos serán vuestros jueces.

—Lucas 11:19

Mas si por el dedo de Dios echo yo fuera los demonios, ciertamente el reino de Dios ha llegado a vosotros.

—Lucas 11:20

Y les dijo: Id, y decid a aquella zorra: He aquí, echo fuera demonios y hago curaciones hoy y mañana, y al tercer día termino mi obra.

—Lucas 13:32

Jesús les respondió:—¿No os he escogido yo a vosotros los doce, y uno de vosotros es diablo? Hablaba de Judas Iscariote hijo de Simón, porque él era el que lo iba a entregar, y era uno de los doce.

—Juan 6:70

Respondió la multitud y dijo: Demonio tienes; ¿quién procura matarte?

—Juan 7:20

Vosotros sois de vuestro padre el diablo, y los deseos de vuestro padre queréis hacer. El ha sido homicida desde el principio, y no ha permanecido en la verdad, porque no hay verdad en él. Cuando habla mentira, de suyo habla; porque es mentiroso, y padre de mentira.

—Juan 8:44

Respondieron entonces los judíos, y le dijeron: ¿No decimos bien nosotros, que tú eres samaritano, y que tienes demonio?

—Juan 8:48

Respondió Jesús: Yo no tengo demonio, antes honro a mi Padre; y vosotros me deshonráis.

—Juan 8:49

Entonces los judíos le dijeron: Ahora conocemos que tienes demonio. Abraham murió, y los profetas; y tú dices: El que guarda mi palabra, nunca sufrirá muerte.

—Juan 8:52

Entonces los judíos le dijeron: Ahora conocemos que tienes demonio. Abraham murió, y los profetas; y tú dices: El que guarda mi palabra, nunca sufrirá muerte.

—Juan 10:20

Decían otros: Estas palabras no son de endemoniado. ¿Puede acaso el demonio abrir los ojos de los ciegos?

—Juan 10:21

Y cuando cenaban, como el diablo ya había puesto en el corazón de Judas Iscariote, hijo de Simón, que le entregase.

—Juan 13:2

Cómo Dios ungió con el Espíritu Santo y con poder a Jesús de Nazaret, y cómo éste anduvo haciendo bienes y sanando a todos los oprimidos por el diablo, porque Dios estaba con él.

—HECHOS 10:38

Dijo: ¡Oh, lleno de todo engaño y de toda maldad, hijo del diablo, enemigo de toda justicia! ¿No cesarás de trastornar los caminos rectos del Señor?

—HECHOS 13:10

Antes digo que lo que los gentiles sacrifican, a los demonios lo sacrifican, y no a Dios; y no quiero que vosotros os hagáis partícipes con los demonios.

—1 CORINTIOS 10:20

Antes digo que lo que los gentiles sacrifican, a los demonios lo sacrifican, y no a Dios; y no quiero que vosotros os hagáis partícipes con los demonios.

—1 CORINTIOS 10:21

...ni deis lugar al diablo.

—EFESIOS 4:27

Vestíos de toda la armadura de Dios, para que podáis estar firmes contra las asechanzas del diablo.

—EFESIOS 6:11

No un neófito, no sea que envaneciéndose caiga en la condenación del diablo.

—1 TIMOTEO 3:6

También es necesario que tenga buen testimonio de los de afuera, para que no caiga en descrédito y en lazo del diablo.

—1 TIMOTEO 3:7

Y escapen del lazo del diablo, en que están cautivos a voluntad de él.

—2 Timoteo 2:26

Pero el Espíritu dice claramente que en los postreros tiempos algunos apostatarán de la fe, escuchando a espíritus engañadores y a doctrinas de demonios.

—1 Timoteo 4:1

Así que, por cuanto los hijos participaron de carne y sangre, él también participó de lo mismo, para destruir por medio de la muerte al que tenía el imperio de la muerte, esto es, al diablo.

—Hebreos 2:14

Tú crees que Dios es uno; bien haces. También los demonios creen, y tiemblan.

—Santiago 2:19

Porque esta sabiduría no es la que desciende de lo alto, sino terrenal, animal, diabólica.

—Santiago 3:15

Someteos, pues, a Dios; resistid al diablo, y huirá de vosotros.

—Santiago 4:7

Sed sobrios, y velad; porque vuestro adversario el diablo, como león rugiente, anda alrededor buscando a quien devorar.

—1 Pedro 5:8

El que practica el pecado es del diablo; porque el diablo peca desde el principio. Para esto apareció el Hijo de Dios, para deshacer las obras del diablo.

—1 Juan 3:8

En esto se manifiestan los hijos de Dios, y los hijos del diablo: todo aquel que no hace justicia, y que no ama a su hermano, no es de Dios.

—1 Juan 3:10

Pero cuando el arcángel Miguel contendía con el diablo, disputando con él por el cuerpo de Moisés, no se atrevió a proferir juicio de maldición contra él, sino que dijo: El Señor te reprenda.

—JUDAS 9

No temas en nada lo que vas a padecer. He aquí, el diablo echará a algunos de vosotros en la cárcel, para que seáis probados, y tendréis tribulación por diez días. Sé fiel hasta la muerte, y yo te daré la corona de la vida.

—APOCALIPSIS 2:10

Y los otros hombres que no fueron muertos con estas plagas, ni aun así se arrepintieron de las obras de sus manos, ni dejaron de adorar a los demonios, y a las imágenes de oro, de plata, de bronce, de piedra y de madera, las cuales no pueden ver, ni oír, ni andar.

—APOCALIPSIS 9:20

Y fue lanzado fuera el gran dragón, la serpiente antigua, que se llama diablo y Satanás, el cual engaña al mundo entero; fue arrojado a la tierra, y sus ángeles fueron arrojados con él.

—APOCALIPSIS 12:9

Por lo cual alegraos, cielos, y los que moráis en ellos. ¡Ay de los moradores de la tierra y del mar! porque el diablo ha descendido a vosotros con gran ira, sabiendo que tiene poco tiempo.

—APOCALIPSIS 12:12

Pues son espíritus de demonios, que hacen señales, y van a los reyes de la tierra en todo el mundo, para reunirlos a la batalla de aquel gran día del Dios Todopoderoso.

—APOCALIPSIS 16:14

Y clamó con voz potente, diciendo: Ha caído, ha caído la gran Babilonia, y se ha hecho habitación de demonios y guarida de todo espíritu inmundo, y albergue de toda ave inmunda y aborrecible.

—APOCALIPSIS 18:2

Y prendió al dragón, la serpiente antigua, que es el diablo y Satanás, y lo ató por mil años;

—APOCALIPSIS 20:2

Y el diablo que los engañaba fue lanzado en el lago de fuego y azufre, donde estaban la bestia y el falso profeta; y serán atormentados día y noche por los siglos de los siglos.

—APOCALIPSIS 20:10

Infierno

Porque fuego se ha encendido en mi ira, y arderá hasta las profundidades del Seol; devorará la tierra y sus frutos, y abrasará los fundamentos de los montes.

—DEUTERONOMIO 32:22

Ligaduras del Seol me rodearon; tendieron sobre mí lazos de muerte.

—2 SAMUEL 22:6

Es más alta que los cielos; ¿qué harás? Es más profunda que el Seol; ¿cómo la conocerás?

—JOB 11:8

El sepulcro es descubierto delante de él, y el infierno no tiene cobertura.

—JOB 26:6, BIBLIA DEL OSO

Los malos serán trasladados al infierno, todas las gentes que se olvidan de Dios.

—SALMOS 9:17, RV 1909

Porque no dejarás mi alma en el Seol,
Ni permitirás que tu santo vea corrupción.

—Salmos 16:10

Ligaduras del Seol me rodearon,
Me tendieron lazos de muerte.

—Salmos 18:5

Que la muerte les sorprenda; desciendan vivos al Seol,
Porque hay maldades en sus moradas, en medio de ellos.

—Salmos 55:15

Porque tu misericordia es grande para conmigo,
Y has librado mi alma de las profundidades del Seol.

—Salmos 86:13

Me rodearon ligaduras de muerte,
Me encontraron las angustias del Seol.

—Salmos 116:3

Si subiere a los cielos, allí estás tú;
Y si en el Seol hiciere mi estrado, he aquí, allí tú estás.

—Salmos 139:8

Sus pies descienden a la muerte;
Sus pasos conducen al Seol.

—Proverbios 5:5

Camino al Seol es su casa,
Que conduce a las cámaras de la muerte.

—Proverbios 7:27

Y no saben que allí están los muertos;
Que sus convidados están en lo profundo del Seol.

—Proverbios 9:18

El Seol y el Abadón están delante de Jehová;
¡Cuánto más los corazones de los hombres!

—PROVERBIOS 15:11

El camino de la vida es hacia arriba al entendido,
Para apartarse del Seol abajo.

—PROVERBIOS 15:24

Lo castigarás con vara, y librarás su alma del Seol.
Tú lo herirás con vara, y librarás su alma del infierno.

—PROVERBIOS 23:14, RV 1909

El Seol y el Abadón nunca se sacian;
Así los ojos del hombre nunca están satisfechos.

—PROVERBIOS 27:20

Por tanto el infierno ensanchó su alma, y sin medida exten-dió su boca; y su gloria y su multitud descendió *allá* ; y su fausto, y el que se regocijaba en él.

—ISAÍAS 5:14, BIBLIA DEL OSO

El infierno abajo se espantó de ti; te despertó muertos que en tu venida saliesen á recibirte, hizo levantar de sus sillas á todos los príncipes de la tierra, a todos los reyes de las naciones.

—ISAÍAS 14:9, RV 1909

Mas tú derribado eres hasta el Seol, a los lados del abismo.

—ISAÍAS 14:15

Por cuanto habéis dicho: Pacto tenemos hecho con la muerte, e hicimos convenio con el Seol; cuando pase el turbión del azote, no llegará a nosotros, porque hemos puesto nuestro refugio en la mentira, y en la falsedad nos esconderemos.

—ISAÍAS 28:15

Y será anulado vuestro pacto con la muerte, y vuestro convenio con el Seol no será firme; cuando pase el turbión del azote, seréis de él pisoteados.

—ISAÍAS 28:18

Y fuiste al rey con ungüento, y multiplicaste tus perfumes, y enviaste tus embajadores lejos, y te abatiste hasta la profundidad del Seol.

—ISAÍAS 57:9

Cuando lo hice bajar al abismo, junto con los que descienden a la fosa, con el estruendo de su caída hice temblar a las naciones. Todos los árboles del Edén, los más selectos y hermosos del Líbano, los que estaban mejor regados, se consolaron en las regiones subterráneas.

—EZEQUIEL 31:16, NVI

Sus aliados entre las naciones que buscaban protección bajo su sombra también descendieron con él al abismo, junto con los que habían muerto a filo de espada.

—EZEQUIEL 31:17, NVI

De en medio del Seol hablarán a él los fuertes de los fuertes, con los que le ayudaron, que descendieron y yacen con los incircuncisos muertos a espada.

—EZEQUIEL 32:21

Y no yacerán con los fuertes de los incircuncisos que cayeron, los cuales descendieron al Seol con sus armas de guerra, y sus espadas puestas debajo de sus cabezas; mas sus pecados estarán sobre sus huesos, por cuanto fueron terror de fuertes en la tierra de los vivientes.

—EZEQUIEL 32:27

Aunque cavasen hasta el Seol, de allá los tomará mi mano; y aunque subieren hasta el cielo, de allá los haré descender.

—AMÓS 9:2

Y también, el que es dado al vino es traicionero, hombre soberbio, que no permanecerá; ensanchó como el Seol su alma, y es como la muerte, que no se saciará; antes reunió para sí todas las gentes, y juntó para sí todos los pueblos.

—HABACUC 2:5

Y dijo: Invoqué en mi angustia a Jehová, y él me oyó; Desde el seno del Seol clamé, y mi voz oíste.

—JONÁS 2:2

Pero yo os digo que cualquiera que se enoje contra su hermano, será culpable de juicio; y cualquiera que diga: Necio, a su hermano, será culpable ante el concilio; y cualquiera que le diga: Fatuo, quedará expuesto al infierno de fuego.

—MATEO 5:22

Por tanto, si tu ojo derecho te es ocasión de caer, sácalo, y échalo de ti; pues mejor te es que se pierda uno de tus miembros, y no que todo tu cuerpo sea echado al infierno.

—MATEO 5:29

Y si tu mano derecha te es ocasión de caer, córtala, y échala de ti; pues mejor te es que se pierda uno de tus miembros, y no que todo tu cuerpo sea echado al infierno.

—MATEO 5:30

Y no temáis a los que matan el cuerpo, mas el alma no pueden matar; temed más bien a aquel que puede destruir el alma y el cuerpo en el infierno.

—MATEO 10:28

Y tú, Capernaum, que eres levantada hasta el cielo, hasta el Hades serás abatida; porque si en Sodoma se hubieran hecho los milagros que han sido hechos en ti, habría permanecido hasta el día de hoy.

—MATEO 11:23

Y yo también te digo, que tú eres Pedro, y sobre esta roca edificaré mi iglesia; y las puertas del Hades no prevalecerán contra ella.

—Mateo 16:18

Y si tu ojo te es ocasión de caer, sácalo y échalo de ti; mejor te es entrar con un solo ojo en la vida, que teniendo dos ojos ser echado en el infierno de fuego.

—Mateo 18:9

¡Ay de vosotros, escribas y fariseos, hipócritas! porque recorréis mar y tierra para hacer un prosélito, y una vez hecho, le hacéis dos veces más hijo del infierno que vosotros.

—Mateo 23:15

¡Serpientes, generación de víboras! ¿Cómo escaparéis de la condenación del infierno?

—Mateo 23:33

Si tu mano te fuere ocasión de caer, córtala; mejor te es entrar en la vida manco, que teniendo dos manos ir al infierno, al fuego que no puede ser apagado.

—Marcos 9:43

Y si tu pie te fuere ocasión de caer, córtalo; mejor te es entrar a la vida cojo, que teniendo dos pies ser echado en el infierno, al fuego que no puede ser apagado.

—Marcos 9:45

Y si tu ojo te fuere ocasión de caer, sácalo; mejor te es entrar en el reino de Dios con un ojo, que teniendo dos ojos ser echado al infierno.

—Marcos 9:47

Y tú, Capernaum, que hasta los cielos eres levantada, hasta el Hades serás abatida.

—Lucas 10:15

Pero os enseñaré a quién debéis temer: Temed a aquel que después de haber quitado la vida, tiene poder de echar en el infierno; sí, os digo, a éste temed.

—Lucas 12:5

Y en el Hades alzó sus ojos, estando en tormentos, y vio de lejos a Abraham, y a Lázaro en su seno.

—Lucas 16:23

Porque no dejarás mi alma en el Hades, ni permitirás que tu Santo vea corrupción.

—Hechos 2:27

Viéndolo antes, habló de la resurrección de Cristo, que su alma no fue dejada en el Hades, ni su carne vio corrupción.

—Hechos 2:31

Porque si Dios no perdonó a los ángeles que pecaron, sino que arrojándolos al infierno los entregó a prisiones de oscuridad, para ser reservados al juicio.

—2 Pedro 2:4

Y la lengua es un fuego, un mundo de maldad. La lengua está puesta entre nuestros miembros, y contamina todo el cuerpo, e inflama la rueda de la creación, y ella misma es inflamada por el infierno.

—Santiago 3:6

Y la muerte y el Hades fueron lanzados al lago de fuego. Esta es la muerte segunda.

—Apocalipsis 20:14

Y el que vivo, y estuve muerto; mas he aquí que vivo por los siglos de los siglos, amén. Y tengo las llaves de la muerte y del Hades.

—Apocalipsis 1:18

Miré, y he aquí un caballo amarillo, y el que lo montaba tenía por nombre Muerte, y el Hades le seguía; y le fue dada potestad sobre la cuarta parte de la tierra, para matar con espada, con hambre, con mortandad, y con las fieras de la tierra.

—APOCALIPSIS 6:8

Y el mar entregó los muertos que había en él; y la muerte y el Hades entregaron los muertos que había en ellos; y fueron juzgados cada uno según sus obras.

—APOCALIPSIS 20:13

Manifestación

Y se difundió su fama por toda Siria; y le trajeron todos los que tenían dolencias, los afligidos por diversas enfermedades y tormentos, los endemoniados, lunáticos y paralíticos; y los sanó.

—MATEO 4:24

Y cuando llegó la noche, trajeron a él muchos endemoniados; y con la palabra echó fuera a los demonios, y sanó a todos los enfermos.

—MATEO 8:16

Cuando llegó a la otra orilla, a la tierra de los gadarenos, vinieron a su encuentro dos endemoniados que salían de los sepulcros, feroces en gran manera, tanto que nadie podía pasar por aquel camino.

—MATEO 8:28

Mientras salían ellos, he aquí, le trajeron un mudo, endemoniado.

—MATEO 9:32

Entonces fue traído a él un endemoniado, ciego y mudo; y le sanó, de tal manera que el ciego y mudo veía y hablaba.

—MATEO 12:22

Cuando llegó la noche, luego que el sol se puso, le trajeron todos los que tenían enfermedades, y a los endemoniados.

—Marcos 1:32

Y le preguntó: ¿Cómo te llamas? Y respondió diciendo: Legión me llamo; porque somos muchos.

—Marcos 5:9

Vienen a Jesús, y ven al que había sido atormentado del demonio, y que había tenido la legión, sentado, vestido y en su juicio cabal; y tuvieron miedo.

—Marcos 5:15

Y les contaron los que lo habían visto, cómo le había acontecido al que había tenido el demonio, y lo de los cerdos.

—Marcos 5:16

Al entrar él en la barca, el que había estado endemoniado le rogaba que le dejase estar con él.

—Marcos 5:18

Y le preguntó Jesús, diciendo: ¿Cómo te llamas? Y él dijo: Legión. Porque muchos demonios habían entrado en él.

—Lucas 8:30

Hechicería

Porque como pecado de adivinación es la rebelión, y como ídolos e idolatría la obstinación. Por cuanto tú desechaste la palabra de Jehová, él también te ha desechado para que no seas rey.

—1 Samuel 15:23

Cuando vio Joram a Jehú, dijo: ¿Hay paz, Jehú? Y él respondió: ¿Qué paz, con las fornicaciones de Jezabel tu madre, y sus muchas hechicerías?

—2 Reyes 9:22

Y pasó sus hijos por fuego en el valle del hijo de Hinom; y observaba los tiempos, miraba en agüeros, era dado a adivinaciones, y consultaba a adivinos y encantadores; se excedió en hacer lo malo ante los ojos de Jehová, hasta encender su ira.

—2 Crónicas 33:6

Asimismo destruiré de tu mano las hechicerías, y no se hallarán en ti agoreros.

—Miqueas 5:12

A causa de la multitud de las fornicaciones de la ramera de hermosa gracia, maestra en hechizos, que seduce a las naciones con sus fornicaciones, y a los pueblos con sus hechizos.

—Nahum 3:4

Idolatría, hechicerías, enemistades, pleitos, celos, iras, contiendas, disensiones, herejías que los que practican tales cosas no heredarán el reino de Dios.

—Gálatas 5:20, 21

Capítulo 4

Demonios que solo salen con oración y ayuno

L<small>A</small> B<small>IBLIA</small> <small>NOS</small> advierte que algunos demonios no pueden ser expulsados sino mediante la disciplina de ayuno y oración. En Mateo 17:19-21 los discípulos trataron en vano de echar fuera demonios. Jesús dijo que eso se debió a la incredulidad de ellos. Llegó a decirles que si tenían la fe (de un grano) de semilla de mostaza, podrían hablar a las montañas y éstas se moverían. Nada es imposible en Dios. Finalmente Jesús les advirtió: "Pero este género no sale sino con oración y ayuno" (v. 21).

Escrituras sobre el ayuno y la oración

Estas son las memorias de Nehemías, hijo de Hacalías. A finales del otoño, en el mes de quisleu, del año veinte del reinado del rey Artajerjes, me encontraba en la fortaleza de Susa. Hananí, uno de mis hermanos, vino a visitarme con algunos hombres que acababan de llegar de Judá. Les pregunté por los judíos que habían regresado del cautiverio y sobre la situación en Jerusalén. Me dijeron: Las cosas no andan bien. Los que regresaron a la provincia de Judá tienen grandes dificultades y viven en desgracia. La muralla de Jerusalén fue derribada, y las puertas fueron consumidas por el fuego. Cuando oí esto, me senté a llorar. De hecho, durante varios días estuve de duelo, ayuné y oré al Dios del cielo.

—N<small>EHEMÍAS</small> 1:1-4, <small>NTV</small>

Oh Señor, ponte en contra de los que se me oponen; pelea contra los que luchan contra mí. Ponte tu armadura y toma tu escudo; prepárate para la batalla y ven en mi ayuda. Levanta tu lanza y tu jabalina contra los que me persiguen. Quiero oírte decir: "¡Yo te daré la victoria!". Avergüenza y causa deshonra a los que tratan de matarme; hazlos retroceder y humilla a los que quieren hacerme daño. Sopla y espárcelos como paja en el viento, un viento mandado por el ángel del Señor. Haz que su camino sea oscuro y resbaladizo, y que el ángel del Señor los persiga. Yo no les hice ningún mal, pero ellos me tendieron una trampa; no les hice ningún mal, pero cavaron una fosa para atraparme. Por eso, ¡qué la ruina les llegue de repente! ¡Qué queden atrapados en la trampa que me tendieron! Que se destruyan en la fosa que cavaron para mí. Entonces me alegraré en el Señor; estaré feliz porque él me rescata. Con cada hueso de mi cuerpo lo alabaré: "Señor, ¿quién se compara contigo? ¿Quién otro rescata a los indefensos de las manos de los fuertes? ¿Quién otro protege a los indefensos y a los pobres de quienes les roban?". Testigos maliciosos testifican en mi contra y me acusan de crímenes que desconozco por completo. Me pagan mal por bien y estoy enfermo de desesperación. Sin embargo, cuando ellos se enfermaban, yo me entristecía; me afligía a mí mismo ayunando por ellos, pero mis oraciones no tenían respuesta.

—Salmos 35:1-13, ntv

Durante el primer año de su reinado, yo, Daniel, al estudiar la palabra del Señor, según fue revelada al profeta Jeremías, aprendí que Jerusalén debía quedar en desolación durante setenta años. Así que dirigí mis ruegos al Señor Dios, en oración y ayuno. También me puse ropa de tela áspera y arrojé cenizas sobre mi cabeza.

—Daniel 9:2-3, ntv

Señor, ten misericordia de mi hijo, porque es epiléptico y sufre terriblemente, porque muchas veces cae en el fuego y muchas en el agua. Y lo traje a tus discípulos y ellos no pudieron curarlo. Respondiendo Jesús, dijo: ¡Oh generación incrédula y perversa! ¿Hasta cuándo estaré con vosotros? ¿Hasta cuándo os tendré que soportar? Traédmelo acá. Y Jesús lo reprendió y el demonio salió de él, y el muchacho quedó curado desde aquel momento. Entonces los discípulos, llegándose a Jesús en privado, dijeron: ¿Por qué nosotros no pudimos expulsarlo? Y El les dijo: Por vuestra poca fe; porque en verdad os digo que si tenéis fe como un grano de mostaza, diréis a este monte: "Pásate de aquí allá", y se pasará; y nada os será imposible. Pero esta clase no sale sino con oración y ayuno.

—Mateo 17:15-21, lbla

En el templo también estaba Ana, una profetisa muy anciana, hija de Fanuel, de la tribu de Aser. Su esposo había muerto cuando sólo llevaban siete años de casados. Después ella vivió como viuda hasta la edad de ochenta y cuatro años. Nunca salía del templo, sino que permanecía allí de día y de noche adorando a Dios en ayuno y oración.

—Lucas 2:36-37, ntv

Entonces Leví se levantó, dejó todo y lo siguió. Más tarde, Leví dio un banquete en su casa, con Jesús como invitado de honor. Muchos de los cobradores de impuestos, compañeros de Leví, y otros invitados comieron con ellos. Así que los fariseos y los maestros de la ley religiosa les reclamaron severamente a los discípulos de Jesús diciéndoles: ¿Por qué comen y beben con semejante escoria?

Jesús les contestó: La gente sana no necesita médico, los enfermos sí. No he venido a llamar a los que se creen justos, sino a los que saben que son pecadores y necesitan arrepentirse. Cierto día, algunas personas le dijeron a Jesús: Los discípulos de Juan el Bautista ayunan y oran con frecuencia, igual que los discípulos de los fariseos. ¿Por qué tus discípulos están siempre comiendo y bebiendo?

Jesús contestó: ¿Acaso los invitados de una boda ayunan mientras festejan con el novio? Por supuesto que no; pero un día el novio será llevado, y entonces sí ayunarán. Luego Jesús les dio la siguiente ilustración: Nadie quita un pedazo de tela de una prenda nueva y la usa para remendar una prenda vieja; pues la prenda nueva se arruinaría y el remiendo nuevo no haría juego con la prenda vieja. Nadie pone vino nuevo en cueros viejos; pues el vino nuevo reventaría los cueros, el vino se derramaría, y los cueros quedarían arruinados.

—Lucas 5:28-37, ntv

Entre los profetas y maestros de la iglesia de Antioquía de Siria se encontraban Bernabé, Simeón (llamado "el Negro"), Lucio (de Cirene), Manaén (compañero de infancia del rey Herodes Antipas) y Saulo. Cierto día, mientras estos hombres adoraban al Señor y ayunaban, el Espíritu Santo dijo: "Consagren a Bernabé y a Saulo para el trabajo especial al cual los he llamado". Así que, después de pasar más tiempo en ayuno y oración, les impusieron las manos y los enviaron.

—Hechos 13:1-3, ntv

Pero los creyentes lo rodearon, y él se levantó y regresó a la ciudad. Al día siguiente, salió junto con Bernabé hacia Derbe. Pablo y Bernabé regresan a Antioquía de Siria. Después de predicar la Buena Noticia en Derbe y de hacer muchos discípulos, Pablo y Bernabé regresaron a Listra, Iconio y Antioquía de Pisidia, donde fortalecieron a los creyentes. Los animaron a continuar en la fe, y les recordaron que debemos sufrir muchas privaciones para entrar en el reino de Dios. Pablo y Bernabé también nombraron ancianos en cada iglesia. Con oración y ayuno, encomendaron a los ancianos al cuidado del Señor, en quien habían puesto su confianza.

—Hechos 14:20-23, ntv

Ahora, en cuanto a las preguntas que me hicieron en su carta: es cierto que es bueno abstenerse de tener relaciones sexuales. Sin embargo, dado que hay tanta inmoralidad sexual, cada hombre debería tener su propia esposa, y cada mujer su propio marido. El esposo debe satisfacer las necesidades sexuales de su esposa, y la esposa debe satisfacer las necesidades sexuales de su marido. La esposa le da la autoridad sobre su cuerpo a su marido, y el esposo le da la autoridad sobre su cuerpo a su esposa. No se priven el uno al otro de tener relaciones sexuales, a menos que los dos estén de acuerdo en abstenerse de la intimidad sexual por un tiempo limitado para entregarse más de lleno a la oración. Después deberán volverse a juntar, a fin de que Satanás no pueda tentarlos por la falta de control propio. Eso les digo a modo de concesión, no como un mandato. Sin embargo, quisiera que todos fueran solteros, igual que yo; pero cada uno tiene su don específico de Dios, unos de una clase y otros de otra.

—1 Corintios 7:1-7, ntv

Principios

1. Los intercesores deben ayunar y orar por las ciudades, la nación, y otras naciones (Nehemías 1:1-4).

2. David confesaba gran victoria sobre sus enemigos y que sus obras no prosperarían en su contra; no obstante, también ayunó y oró por enemigos cuando estos enfermaron. No tenía nada contra ellos, sino que los entregaba a su Dios. La manera en que los enemigos de David respondían a eso, determinaba sus destinos (Salmos 35:1-13).

3. Durante el cautiverio, Daniel dispuso su corazón para el ayuno y la oración (Daniel 9:2-3).

4. El hijo de un padre estaba bajo el poder de la luna y tenía ataques epilépticos. Él se quejó de que los discípulos no pudieron expulsar al demonio del muchacho. Jesús reprendió al espíritu, y este salió. Luego recordó a todos que ese tipo de demonio no salía a menos que alguien hubiera ayunado y orado (Mateo 17:15-21).

5. Ana era una profetisa de avanzada edad. Nunca abandonó el templo debido a que ayunaba y oraba noche y día. Hay personas que son especialmente ungidas para ayunar y orar. Este tipo de llamado requiere recursos

y circunstancias propicios a las demandas del ministerio, y no es para todo creyente. Por ejemplo: una madre y esposa lógicamente no podría esperar entregarse al ayuno y la oración como lo hizo Ana (Lucas 2:36-37).

6. La visión de la reunión en la famosa reunión en Antioquía fue con el propósito de ayunar y adorar a Dios. Por esa visión, el Espíritu Santo llamó a Bernabé y Saulo al ministerio como apóstoles. Ese no era el plan original de la reunión. Los ministros se congregaron en Antioquía, luego ayunaron y oraron para enviar a Bernabé y a Saulo al ministerio. El ayuno y la oración traen la voluntad de Dios a buen término. Ayunar y orar también es el mandato para la ordenación al ministerio (Hechos 13:1-3; ver también Hechos 14:20-23).

7. Pablo establece un principio fundamental de ayunar cuando usted está casado. Afirma que lo mejor sería ser soltero para darse totalmente a Dios, pero que debido a la tentación, hombres y mujeres deberían casarse. Trató los derechos maritales en la intimidad diciendo que ninguno de los cónyuges tenía derecho a abstenerse de la relación sexual a menos que fuera por mutuo acuerdo. Es mi opinión que un hombre o una mujer deberían ser guiados por el Señor si se encuentran en una situación que no deberían (incluso en el matrimonio; Dios aborrece el divorcio, pero, además, en primer lugar nunca quiso que nos uniéramos en yugo desigual). Seguir entregándose plenamente a una persona que está tratando intencionalmente de mantenerlo a usted en esclavitud es peligroso. (1 Corintios 7:1-7).

8. Las sectas religiosas de la época de Jesús desafiaron la disciplina de sus discípulos. Jesús se mantuvo en contra de sus juicios religiosos. Ellos compararon a los discípulos de Jesús con los discípulos de Juan el Bautista. Jesús les recordó que sus discípulos estaban caminando con el novio, y que cuando Él se separara de ellos estarían maduros para el ayuno y la oración. También les dijo

que no se podía poner el vino nuevo en odres viejos, o el vino nuevo haría estallar el odre viejo. Aun para el ayuno hay una preparación. El odre de vino en este pasaje representa un modo de pensar. Abstenerse de alimentos con el propósito de ayunar sin la forma de pensar correcta puede hacer que el estado de una persona sea peor que antes de que ayunara. A quién o a qué rendimos nuestros miembros durante el ayuno puede abrir la puerta a las bendiciones espirituales, o a maldiciones con más esclavitud. Esta es la razón por la que las brujas ayunan para tener más poder demoníaco. El ayuno puede usarse para fines buenos o malos. También puede llevar a una persona al reino equivocado por ignorancia espiritual. Hay un *ayuno demoníaco, un ayuno carnal,* y un *ayuno santo o escogido* (Lucas 5:28-37):

- *Ayuno demoníaco*: un ayuno intencionalmente realizado con propósitos malos.

- *Ayuno carnal*: un ayuno realizado en ignorancia o por razones carnales, debido a la influencia mundana. Dios dijo que su pueblo perece en la ignorancia.

- *Ayuno escogido*: el ayuno que Dios ha escogido en Isaías 58:6-7, el cual:

  1. Desatará las ligaduras de impiedad
  2. Soltará las cargas de opresión
  3. Dejará en libertad a los oprimidos
  4. Romperá *todo* yugo
  5. Hará que dividamos nuestro pan con el hambriento y alberguemos en casa a los pobres errantes
  6. Hará que cubramos al desnudo cuando lo veamos
  7. Asegurará que no nos escondamos de nuestra propia carne

Frutos del ayuno escogido

Las siguientes acciones se verán como fruto del ayuno escogido:

- Nuestra luz nacerá como el alba (Isaías 58:8).
- Nuestra salud surgirá pronto (v. 8).
- La justicia irá delante de nosotros (v. 8).
- La gloria del Señor será nuestra retaguardia (v. 8).
- Invocaremos al Señor y Él responderá (v. 9).
- Clamaremos y el Señor dirá: "¡Aquí estoy!" (v. 9).
- Si quitamos el yugo de la opresión de nuestro medio, si dejamos de señalar con el dedo con menosprecio y de hablar vanidad, si extendemos nuestra alma al hambriento, y satisfacemos al alma afligida, en las tinieblas nacerá nuestra luz, y nuestra oscuridad será como el mediodía (vv. 9-10).
- El Señor nos guiará continuamente (v. 11).
- El Señor satisfará nuestra alma en la sequía (v. 11).
- El Señor dará vigor a nuestros huesos (v. 11).
- Seremos como jardines regados y como manantial de aguas, cuyas aguas nunca faltan (v. 11).
- Los nuestros edificarán las ruinas antiguas (v. 12).
- Levantaremos los cimientos de muchas generaciones (v. 12).
- Seremos llamados *reparadores de portillos* y *restauradores de calzadas para habitar* (v. 12).
- Si llamamos delicia al sábado y honramos a Dios, no haciendo las cosas a nuestra manera, buscando nuestro propio placer o hablando nuestras propias palabras, entonces nos deleitaremos en el Señor, y Él nos hará subir sobre las alturas de la tierra (vv. 12-14).
- Seremos alimentados con la heredad de Jacob porque la boca de Jehová lo ha dicho (v. 14).

Isaías 58 expone algunas de las razones erróneas por las que las personas ayunaban, y por qué eran dirigidas por Dios al ayuno escogido.

1. Ayunaban para contiendas y debates.
2. Ayunaban para herir con el puño inicuamente.
3. Ayunaban para hacer oír su voz en lo alto.

La mentalidad de la gente era que:

- Buscaba, inquiría y solicitaba el favor de Dios todos los días, y se deleitaban—solo externamente—en conocer sus caminos.
- Fingían ser una nación justa cuando no lo eran.
- Fingían no abandonar las ordenanzas del Señor.
- Pedían a Dios juicios justos y se deleitaban en acercarse a Él en maneras que la gente pudiera ver, pero no eran genuinos en sus corazones.

Deje de leer este libro en este momento, y busque y lea Isaías 58.

Palabras griegas para *ayuno*

1. *Néstis*: abstenerse de comer (Strong # 3523).
   Referencias escriturales: Mateo 15:32, Marcos 8:3
2. *Nesteía*: abstinencia (Strong # 3521).
   Referencias escriturales: Mateo 17:21; Marcos 9:29; Hechos 14:23; 1 Corintios 7:5
3. *Nesteúo*: abstenerse de alimentos (Strong # 3522).
   Referencias escriturales: Hechos 10:30
4. *Ásitos*: sin tomar alimentos (Strong # 777)
   Referencias escriturales: Hechos 27:33
5. *Asitía*: estado de abstinencia (Strong # 776), tomado de la palabra griega *ásitos*
   Referencias escriturales: Hechos 27:21

Palabras hebreas para *ayunar*

1. *Tsum*: retorcerse de hambre (Strong # 2908).
   Referencias escriturales: Daniel 6:18
2. *Tsom*: ayunar cubriendo la boca (Strong # 6685, de *tsum*, # 6684).
   Referencias escriturales: Nehemías 9:1; Ester 4:3; Salmos 35:13; 69:10; 109:24; Jeremías 36:6; Daniel 9:3; Joel 2:12.

Palabras hebreas para *ayuno*

1. *Tevát*: ayunar cubriéndose la boca (Strong # 6684).
   Referencias escriturales: 2 Samuel 12:21; Isaías 58:4
2. *Tsom*: ayunar cubriendo la boca (Strong # 6685, de *tsum*, # 6684).
   Referencias escriturales: Isaías 58:5, 6

Escrituras generales para el *ayuno*

- Jueces 20:26
- 1 Samuel 31:13
- 2 Samuel 1:12
- 2 Samuel 12:16
- 2 Samuel 12:22
- 1 Reyes 21:27
- 1 Crónicas 10:12

- Esdras 8:23
- Nehemías 1:4
- Isaías 58:3
- Zacarías 7:5-6
- Mateo 4:2
- Hechos 13:2
- Hechos 13:3

Capítulo 5
Definiciones esotéricas

E L TÉRMINO ESOTÉRICO se refiere a cosas que no son del dominio público. Es el nivel más alto del ocultismo. Existen cosas que la mayoría de los cristianos saben que tienen su origen en la oscuridad, como la tabla Ouija. El poder de las cosas del reino esotérico se halla en la capacidad de permanecer secretas. La palabra *oculto* literalmente significa "secreto".

Esta sección del diccionario ha sido literalmente contrabandeada del campamento enemigo, y sacada a luz para que las personas puedan ser llevadas a la luz. Una vez que las artes del mundo esotérico son reveladas, ya no pueden seguirse llamando esotéricas, sino que se las llama exotéricas. Dios nos advierte que su pueblo perece por falta de conocimiento (Oseas 4:6). Él me ha permitido ir al otro lado y traer cosas que harán que su pueblo no ignore las estratagemas del diablo.

Un hombre natural es una persona que solo puede ver lo que tiene delante en un sentido natural o carnal. Las brujas y los brujos se burlan de los cristianos que son *hombres naturales*. Pongámonos juntos toda la armadura de Dios para que realmente podamos entrar en el campo del enemigo y recuperar lo que ha robado a nuestras vidas, familias, comunidades, ministerios y ciudades. Segunda Corintios 4:18 dice que lo que vemos es temporal (*próskairos*: que avanza hacia el tiempo de Dios) y lo que no podemos ver es eterno. En esta sección del diccionario usted podrá leer algunas cosas que van a ser difíciles de comprender con su mente natural. Pido ahora que la sangre de Jesús cubra su intelecto, su voluntad y sus emociones. Ordeno a su hombre espiritual que salga de ese letargo espiritual y crezca. Declaro que usted camina por fe y no por vista (como un hombre natural). Usted adora a Dios en espíritu y en verdad y solo la verdad lo hará libre. ¡El conocimiento *es* poder! Cuando usted esté espiritualmente empoderado, pase el poder a otros. El diablo no es el único que transfiere espíritus. Está teniendo lugar una transferencia de la unción, y al leer esta información usted se encontrará en el extremo receptor.

Prepare su corazón para que su mente sea renovada para ir a otro nivel de guerra espiritual y ser victorioso.

Aarón, vara de

La vara de Aarón, que se convirtió en una serpiente cuando él la arrojó al suelo delante de Faraón, se convirtió en el símbolo de poder de un mago y fue reproducida con una serpiente entrelazada que la adorna.

Aba-Aner

Un antiguo mago egipcio

Abaris

Este mago escita utilizó su flecha de oro para practicar transvección a través del aire.

ABC del diablo

Libros utilizados por los hechiceros y otros que practican magia negra.

abejas

La demonólogos creían que una persona que comía una abeja reina podía soportar la tortura sin confesar la práctica de la brujería.

Abigor

Un monstruoso demonio

abominables hombres de la nieve

Una raza de gigantes con poderes sobrenaturales que se dice que habitaron los Himalayas.

abracadabra

Expresión verbal mágica que ha sido utilizada durante mucho tiempo en conjuros para protegerse de la enfermedad o de la mala suerte. Usualmente la inscripción aparece en un amuleto en forma de pirámide invertida, de modo que la primera línea dice: ABRACADABRA. Cada línea subsiguiente disminuye en una letra, y la última línea se lee A.

ABRACADABRA
BRACADABRA
RACADABRA
ACADABRA
CADABRA
ADABRA
DABRA
ABRA
BRA
RA
A

Abraxas

El nombre de un demonio utilizado como palabra mágica. Las siete letras de esta palabra forman el número 365, el número de los días del año.

abraxas, gemas

Se creía que estas piedras en un amuleto protegían de la brujería.

adquisición de poder mágico

En algunos países, como Malasia, la gente cree que el poder ocultista se podría adquirir al encontrarse con el espíritu de un hombre asesinado, o al realizar ritos específicos junto a su tumba.

aceite de la unción (demoníaca)

Las brujas se untaban con aceite hecho con hojas de verbena o de menta machacadas y dejadas en reposo durante la noche en aceite de oliva, luego, luego escurrían la mezcla a través de un paño varias veces hasta que estuviera listo para usar.

actorius
Una piedra mágica que se lleva alrededor del cuello para dar valentía a quien la usa.

Adamantius
Este médico judío escribió acerca de la práctica de la fisiognomía, adivinación basada en los rasgos faciales. Adamantius vivió en Constantinopla durante el reinado de Constantino.

additor
Una tabla Ouija modificada.

adivinación
La práctica de obtener conocimiento de lo desconocido o del futuro por medios ocultistas tales como consultar espíritus, examinar entrañas de animales, y la interpretación de sueños y condiciones atmosféricas. Los insectos y los animales también pueden utilizarse en la adivinación como portadores de mensajes ocultos.

adivinar, copa de
Una copa usada para interpretar el futuro. En el relato de José de Génesis 44:5 la copa mencionada probablemente fue una de ellas.

adoración ancestral
Religión basada en la creencia de que los espíritus de los antepasados muertos tienen poderes para proteger y bendecir a aquellos de su línea de sangre que les siguen rindiendo homenaje.

Adramelech
El presidente del Consejo Supremo del imperio infernal

Aesma
El espíritu de ira e inspirador de la venganza y el mal.

Afreet

En la tradición oriental es un demonio que posee un cadáver.

Agamedes

Esta bruja se menciona en el poema la *Ilíada* de Homero.

agatodemon

Palabra griega para *buen demonio*.

agla

Este término cabalístico formado por letras hebreas que significa "Dios será grande por siempre" fue usado en la invocación de demonios.

aglaofotis

Hierba árabe utilizada por los magos para conjurar demonios.

agni

Un nombre del dios del fuego.

Agrafena-Shiganskaia

Esta bruja siberiana era responsable de causar en las mujeres una condición nerviosa extrema.

ahankara

Una palabra de la lingüística del ocultismo que significa, "asmita".

ailurofobia

Miedo a los gatos.

ajo

Usado para proteger contra el mal de ojo y para alejar a los vampiros.

Akasha

Enseñanza del ocultismo de que cada pensamiento y acción (en el ámbito de lo natural) que ha tenido lugar desde el principio del tiempo es archivado en los registros akáshicos situados en lo más profundo de la oscuridad. La información de esos archivos puede ser obtenida por quienes poseen capacidad de poder psíquico mediante un tercer ojo.

Akiba

Se creía que este rabino judío del primer siglo era experto en magia.

Alastor

Un demonio destacado especialmente por su crueldad y actos malvados.

Alejandría

Según la leyenda árabe, cuando la ciudad de Alejandría estaba siendo construida, Alejandro Magno usó magos para protegerla de los ataques nocturnos de monstruos marinos.

Algol

La palabra árabe para el diablo.

All Hallow's Eve (Víspera de todos los santos, 1º de noviembre)

Asociada a situaciones sobrenaturales, es cuando brujas y demonios se reúnen, y vagan los espíritus de los muertos. Muchas costumbres practicadas durante la Víspera de Todos los Santos en Irlanda y norte de Escocia aun conservan elementos de los antiguos ritos nocturnos druidas.

Allocer

Un poderoso demonio.

alma avanzada

Un ser humano que tiene un desarrollo espiritual avanzado.

Alpiel

Un demonio que gobierna sobre los árboles frutales.

alquimia

Arte basado en parte en el misticismo, y en parte en la experimentación, dirigido a la transmutación de los metales. Se inició en el segundo siglo d. C. y alcanzó su apogeo en la Edad Media. La alquimia trata de las fuerzas superiores de la naturaleza y la condición en la que operan. Enseña:

- La regeneración del hombre espiritual
- La purificación de la mente, la voluntad, y la vida del pensamiento
- Lo que se refiere a las facultades del alma humana

Alraune
Un demonio femenino.

Alrunes
Entre las antiguas tribus teutónicas, demonios femeninos que se creía que eran de origen huno.

Altar
Cualquier lugar reservado para tener camaradería, hacer sacrificios, o comunicarse con un dios.

Amaimon
El espíritu que gobierna sobre la porción oriental del universo.

Amalaric, Madeline
Esta bruja francesa del siglo XVI fue condenada a muerte porque supuestamente causó las muertes de once personas.

Amduscias
Un poderoso demonio.

amen
Significa, "lo oculto" en el mundo del ocultismo.

Amon
El más fuerte de todos los demonios.

Amón-Ra
El dios supremo de todo Egipto, considerado como el creador del universo.

amuleto

Esta palabra se deriva de una raíz árabe que significa "llevar", se dice que es algo con poderes mágicos que se porta o se viste en la persona. Algunos amuletos tenían inscrita una fórmula mágica. Funciona como protección contra la magia negra, el mal de ojo, el encarcelamiento, la pérdida de propiedad y calamidades similares. Algunos amuletos contienen una gema, partes de animales u otros objetos "mágicos".

Uno de los tipos más frecuentes de fórmula es el cuadrado mágico:

4	9	2
3	5	7
8	1	6

amuleto Nefer

Este talismán egipcio, en forma de un instrumento musical, supuestamente trae buena suerte.

Amy

Un poderoso demonio gobernante de las regiones infernales.

Anamelech

Demonio considerado el heraldo de malas noticias.

ananisapta

Término cabalístico inscrito en pergamino como protección contra la enfermedad.

ananquitidus

Piedra utilizada en conjuros de demonios.

anaquitis

Piedra que se utiliza para invocar a los espíritus del agua.

Androalfa

En el imperio infernal ese es un archidemonio.

androide

Un clon o ser humano producido por cualquier otro medio que no sea el nacimiento natural.

angakok
Médico brujo en la sociedad esquimal.

Angat
En Madagascar es el nombre para el diablo en forma de serpiente.

angeología
El estudio de los ángeles

angurvadal
En la leyenda islandesa, una espada que poseía propiedades mágicas.

anillo de Giges
Este anillo hecho de mercurio e inscrito con una cita bíblica se utiliza para conferir invisibilidad.

animal, alma
El deseo personalizado en un hombre como individuo.

animal, magnetismo
Un aura que emana de hombres, animales y objetos con el propósito de liberar poderes sobrenaturales (según el misticismo, el ocultismo, y la enseñanza esotérica).

animales
En la antigüedad, ciertas criaturas, como los búhos, hienas, ranas, topos, lagartos, camaleones, y comadrejas, siempre fueron asociadas con ritos mágicos.

animado, inanimado
Era una práctica común entre los magos de Oriente convertir objetos inanimados en criaturas vivientes y volverlas otra vez objetos inanimados.

animatismo
Creencia de que todos los objetos tienen vida y energía para comunicarse.

animismo
Creencia de que los animales, plantas y objetos son animados y tienen razón y voluntad como los humanos.

ankh [o cruz ansada]
Una cruz en forma de *T* con un bucle ovalado en la parte superior; llamada el *símbolo de la vida* en la cultura egipcia.

Antigua Bretaña
En la antigua Bretaña los brujos más famosos fueron Menw, Eiddilic el enano, y Math.

Ansuperomin
Hechicero que fue conocido por su participación en las asambleas de aquelarre durante el reinado de Enrique IV de Francia.

anticristo
El espíritu que se opone y que viene contra todo y contra cualquier cosa que se relacione con Jesucristo el Mesías.

antipates
Un coral negro usado en la magia para protegerse de las malas influencias.

antipatía
Término astrológico que denota la desarmonía de dos cuerpos que gobiernan en signos opuestos (se refiere al horóscopo).

antropofagia
El comer carne humana. A las brujas en la Edad Media se les atribuía el comer carne de seres humanos.

Anu
El dios babilónico del cielo que controla los destinos; también un dios asirio.

Anubis
El antiguo dios egipcio con cabeza de chacal, y que se decía ser el hijo de Osiris; ese dios:

* Gobierna sobre los rituales de entierro de los muertos
* Conduce las almas de los muertos a la sala del juicio
* Se sienta en el trono en la sala del juicio para pesar los corazones de los que afrontan el juicio eterno

aparición

Una aparición sobrenatural de un fantasma o ser espiritual, especialmente en sesiones de espiritismo.

Apep

En la demonología egipcia Apep era un demonio monstruoso, por lo general representado como un cocodrilo, que podría ser destruido al quemar una figura de cera de él. Se dice que condujo a los otros demonios en un asalto contra el sol.

Apis

El dios egipcio con cabeza de toro; este dios es considerado, literalmente, la encarnación de Osiris.

Apolonio de Tiana

Un filósofo griego del siglo primero que viajó hasta la India en busca del conocimiento esotérico. Fue acusado y juzgado por practicar adivinación con las entrañas de un niño sacrificado con ese propósito.

apotropaismo

Rituales utilizados como magia defensiva o protectora.

Apuleyo

Escritor romano del siglo II d.C, que escribió una serie de novelas llenas de episodios fantásticos acerca de personajes malvados. Las novelas incluyen transformaciones mágicas, misteriosas secuencias de sueños, ritos ocultistas, encantamientos y otras variedades de brujería.

aquelarre

Reunión de brujas, por lo general trece miembros. La decimotercera era considerada la líder, que simbólicamente era Satanás. Cada aquelarre era independiente, pero relacionado con otros aquelarres bajo un gran maestro, que representaba a Satanás encarnado. Todavía existen aquelarres en la Inglaterra actual y en el continente europeo. Los miembros tienen contraseñas para reconocerse, aunque generalmente se conocen entre ellos.

aquelarre, caldo de
Hecha de carne de niños muertos, mijo negro, sapos, polvos mágicos y la carne de un hombre colgado, esta poción daba el poder de volar y predecir.

aquelarre (origen)
El término aquelarre se deriva de *covent* o *convent* (convento), una asamblea religiosa.

araña
Se creía que usar un amuleto de una araña cocida protegía de la brujería. Las arañas son símbolos de control de la mente en la guerra espiritual. Para liberar a las personas de este tipo de control, el hombre fuerte Arácnido debe ser atado.

Arariel
Un ángel destacado del misticismo hebreo que presidía sobre las aguas.

Arbatel
Este manual de magia se publicó en el siglo XVI.

arcanum arcanorum
Término latino que significa "secreto de los secretos."

Ardat-Lili
Un demonio semítico femenino que copulaba con varones humanos.

ariolista
El que practica la adivinación mediante el uso de un altar.

Arimán
En el zoroastrismo, se conoce a Arimán como el espíritu del mal responsable de la operación de la magia negra.

Arnufis

Un hechicero egipcio del siglo II.

Artefius

Artefius vivió en el siglo XII y tuvo reputación de haber vivido más de mil años, debido a la ayuda de demonios. Él escribió *El arte de prolongar la vida*, al parecer, a la edad de 1025 años.

Asaf

Hechicero y adivino caldeo

Ascletarion

Hechicero que predijo que los perros devorarían al emperador; su predicción ocurrió.

augurio artificial

Un presagio que puede suceder o no debido a la voluntad o acciones humanas

Asiza

En el antiguo reino africano de Dahomey, Asiza eran espíritus que habitaban en el bosque y daban poderes mágicos al hombre.

Asmodeo

En la leyenda hebraica Asmodeo es el rey de los demonios. La reina de Asmodeo es Lilit. Gráficamente se representa a Asmodeo con tres cabezas, patas de ganso y cola de serpiente. Entre sus actividades está el hacer invisibles a los hombres, y revelar tesoros escondidos.

asomático

Espíritu sin cuerpo identificado por los griegos.

Ashmole, Elias

Alquimista inglés del siglo XVII.

Asno

Los romanos consideraban de mal agüero al asno, pero los árabes lo honraban.

Astarté

Diosa de la fertilidad mencionada en la Biblia; también conocida como Astarté, Ishtar (Babilonia), Astarot o Asera (Canaán).

astral, cáscara

El cuerpo bruto (físico) después de que el cuerpo astral se ha proyectado en viajes del espíritu.

astral, cuerpo

El cuerpo espiritual que hay dentro del mero cuerpo (físico) de los seres humanos; está conectado por el cordón de plata (como un astronauta a una nave espacial) hasta la muerte, cuando el cordón es cortado.

astral, esfera

El mundo astral.

astral, luz

La idea de espíritu, y de luz divina y material del plano del espíritu, se conoce como *astral*, el aura que se cierne alrededor de una persona.

astral, mundo

La primera esfera de existencia después de que el cuerpo astral sale del cuerpo físico y el cordón de plata es cortado (muerte).

astral, plano

La definición de un plano es: nivel de existencia. Cada plano tiene sus reglas propias, y si una entidad quiere existir en un plano particular, la entidad debe respetar las reglas de ese plano. El plano astral es como una extensión del plano físico, y un lugar de transición o umbral para acceder a otros planos.

astral, proyección

Separación del cuerpo astral del cuerpo físico (bruto), mientras el cuerpo astral está conectado por el cordón de plata (para viajes del espíritu).

astrología

Adivinación basada en una supuesta influencia de la posición del sol, la luna, las estrellas y los planetas.

athame

Daga consagrada, con un mango negro con empuñadura donde están inscritos símbolos mágicos. Las brujas usan un athame para trazar un círculo mágico para invocar demonios.

Átharva-veda

Literatura sagrada hindú compuesta por recitaciones mágicas para alejar el mal.

augurio

Adivinación mediante la interpretación de presagios.

aura

Presencia psíquica que emana de los seres humanos, de los animales y de objetos inanimados

Austatikco-Pauligaur

En la demonología persa, se conoce a Austatikco-Pauligaur como un monstruoso demonio.

automática, escritura

Producción de un escrito o inscripción por medios sobrenaturales sin control consciente, por lo general realizada por un médium.

automática, habla

Habla por medio de una manifestación sobrenatural sin el control consciente de la persona que articula, por lo general realizada por un médium.

automática, pintura

Producción de una pintura por un medio sobrenatural sin control consciente, por lo general realizada por un médium.

automático, dibujo
Producción de un dibujo por un medio sobrenatural sin control consciente, por lo general realizado por un médium.

avatar
Significa "encarnación divina".

Avenar
Astrólogo judío del siglo XV, que calculó la llegada de un Mesías hebreo.

aves
En la magia malaya ciertas aves, en particular aves nocturnas como el búho nocturno y el "rasga mortaja", anuncian la muerte inminente con sus notas ásperas.

avidya
No ser conscientes de la verdadera realidad.

Aza
Aza y Azael, jefes de los ángeles caídos, enseñaron la magia a los hombres.

Azael
El ángel que se rebeló contra Dios, otro nombre para Lucifer.

Azazel
La criatura del desierto a la que los hebreos enviaban sus chivos expiatorios por sus pecados en el Día de la Expiación.

azufre
Azufre significa "piedra ardiente", y fue una piedra utilizada en prácticas mágicas primitivas en casas romanas para ahuyentar los malos espíritus.

Baal
El dios del sol que la gente adoraba como señor de la fertilidad o dios de la fertilidad de la agricultura; conocido como una deidad masculina. El nombre *Baal* significa "Señor".

Baal-peor

Se cree que al demonio Belphegor se lo llama con el nombre de este dios. Baal-peor es un dios moabita que se decía había impedido a los hijos de Israel entrar en la Tierra Prometida; también llamado *el Señor de la abertura*.

Baal Zafón

Un demonio del imperio infernal.

Bacis

Antiguo vidente griego de Beocia, mencionado por Cicerón. Cualquiera que profesaba tener la capacidad de ver el futuro solía asumir el nombre de Bacis.

Baco

El dios romano del vino, de las festividades y del jolgorio; el dios oficial del Mardi Gras (martes de carnaval).

Bacon, Roger (1214-1294)

Fraile franciscano inglés, filósofo y científico cuya voluminosa escritura enfatizó el enfoque experimental del conocimiento y atacó los engaños y supersticiones humanos tradicionales.

Dotado de perspicacia científica, Bacon aceptó lo que se llamaba magia natural, los fenómenos dentro de los campos de las matemáticas y la física, pero rechazó las artes negras como medios siniestros y destructivos. Desafió constantemente la fabricación de apariciones pseudomágicas y místicas, la invocación de espíritus, y la eficacia de los hechizos y los encantamientos. Sin embargo, Bacon fue ampliamente aclamado como brujo durante siglos.

bacoti

Brujo y nigromante entre los tonkineses.

Bael

Un demonio supremo del imperio infernal.

Bafomet
Un demonio en forma de cabeza de cabra con la parte superior del torso de un hombre, que se utiliza como símbolo para adorar a Satanás.

Balan
En la jerarquía infernal Balan es un poderoso demonio gobernante.

Balcoin, Marie
Durante el reinado de Enrique IV, esta hechicera francesa fue condenada a la hoguera por practicar la brujería.

baño de inmortalidad
Un régimen para obtener la inmortalidad de acuerdo con el brujo Menandro, el sucesor de Simón el Mago.

Barau
En demonología polinesia se conoce a Barau como un brujo.

Barbatos
Demonio asociado con los bosques, que conocía el pasado y el futuro y tenía tendencias amables o útiles.

Bar-Ligura
Un demonio hebraico que frecuenta los tejados.

Barrett, Francis
Profesor de química de Londres, de principios del siglo XIX, quien dio una conferencia sobre la cábala y la magia. También dio instrucción privada en las artes ocultas. En 1801 publicó *El mago*, en el que describe en una escala global, las características de los conjuros de demonios, hechizos y nigromancia.

barsom
Atados de ramas de tamarindo, granada, o ramitas de dátiles que llevaban los antiguos sacerdotes persas como protección contra las brujas y los demonios.

bascanie

Especie de magia practicada por brujos griegos que hacía que la gente viera lo contrario: por ejemplo, un objeto negro que aparece como blanco, o un bello rostro, feo.

Basílides

Basílides es el fundador de una secta gnóstica. Pertenecía a Alejandría, en el siglo II de nuestra era.

Batsaum-Rasha

Demonio turco invocado para garantizar el buen tiempo o la lluvia.

Bavan, Madeleine

Bruja del siglo XVII, conocida por sus actividades en el aquelarre.

Bayemon

En las regiones infernales Bayemon es un poderoso demonio monarca.

B'duh

Un espíritu de la mitología árabe que ayuda para que los mensajes se transmitan a destino, también llamado Beduh y Baduh.

Bechard

Un demonio con el poder para controlar el viento y las tormentas.

Beckford, William

El autor de *Vathek*, del siglo XVIII, que también incursionó en la magia oriental, la tradición cabalística y la demonología en general.

Belcebú

Un demonio soberano del imperio infernal.

Behemoth

Un demonio que aparece como un enorme animal, señalado como un hipopótamo en el libro de Job (capítulo 40). La Biblia dice que su fuerza está en sus lomos. Este espíritu se manifiesta a través de un espíritu de incontrolable gula: sus ojos son más grandes que su vientre.

Bel
El nombre babilónico de Baal, una parte de la trinidad demoníaca:

* Anu: dios de los cielos
* Bel: dios de la tierra
* Ea: dios de las aguas

Belephantes
Astrólogo caldeo que predijo con exactitud la entrada de Alejandro Magno a Babilonia que resultaría ser fatal.

Belial
El príncipe de los demonios

Bestia 666
El libro del Apocalipsis habla de la trinidad demoníaca, que consiste en: el falso profeta, el anticristo, y la bestia (el número de esta bestia es 666, o, en letras hebreas, WWW).

Belfegor
Este demonio, adornado con barba, con la boca abierta y una especie de lengua fálica, era adorado de manera obscena.

belocolus
Piedra que se creía que haría invisible al portador en el campo de batalla.

benemmerinnen
Demonios hebreos que rondan a las mujeres durante el parto con la intención de robar a los bebés recién nacidos.

Benjees
Un culto de adoración diabólica de la India.

Berit o Berito
El "Duque del Infierno"

Beroso de Cos
Astrólogo del primer siglo que al parecer escribió una gran cantidad de grimorios (literatura demoníaca).

Bes
Demonio que se dice que es capaz de contrarrestar la brujería; en su mayoría invocado por los así llamados brujos blancos (o quienes realizan los conjuros) a quienes las personas visitan para revertir maldiciones. Bes también es llamado el dios del placer.

bestia negra, hombre de la bolsa
Demonio de aspecto aterrador.

bezoar
Hallada en las entrañas de ciertos animales, esta piedra preciosa posee propiedades mágicas.

Biblioteca Real
La Biblioteca Real de Ramsés III de Egipto contenía muchos libros de magia que daban instrucciones específicas sobre cómo consumar fórmulas de ocultismo y palabras de poder.

Bibliothèque de l'Arsenal de París
Esta biblioteca contiene manuscritos de grimorios medievales y otros tratados sobre magia negra.

Bielbog
Este demonio es llamado el "dios blanco" de la mitología eslava, se dice que tiene el poder del bien para oponerse al mal; relacionado con un tipo de magia blanca o magia protectora.

Bogle
Nombre usado para un espíritu maligno en Escocia.

Bifrons
Nombre que se da a los demonios expertos en geometría, conocimiento de hierbas y astrología.

Billis

En África, estos brujos tienen poder para evitar el crecimiento del arroz.

bitabas

Un hechicero en demonología africana.

Biscar, Jeannette

Jeannette Biscar fue una hechicera a quien el diablo, en forma de cabra, transportó a un aquelarre.

Bocal

Durante el reinado de Enrique IV, Bocal era sacerdote y hechicero; fue acusado de asistir a una misa negra y condenado a muerte.

Bogomils

Satanistas medievales asociados con las regiones de Europa Central.

bokor

Los haitianos creen que estos brujos pueden controlar los espíritus de los difuntos.

Bolingbroke, Roger

Este famoso brujo del siglo XV evocaba demonios y fue experto en hechicería y astrología. Después de intentar matar al monarca con brujería, Bolingbroke fue ahorcado en Londres, durante el reinado de Enrique VI de Inglaterra.

Bonatti, Guido

Este astrólogo y mago italiano del siglo XIII hizo rico a un amigo boticario haciendo una imagen de cera de un barco con mágicamente dotado.

Bonnevault, Pierre

Este médico de Milán del siglo XVII fue también alquimista, satanista, astrólogo y brujo.

Bragadini, Mark Antony

Alquimista de Venecia del siglo XVI que fue decapitado por hacer alarde de transmutaciones con ayuda demoníaca.

broxa

Broxa es conocido como un demonio o bruja medieval que podía leer el futuro y era capaz de cambiar de forma a voluntad. Vuela por la noche en misiones malignas, y bebe sangre humana como un vampiro.

bruja (witch)

La expresión, derivada de la antigua palabra inglesa "wicca", hombre que practica la brujería, hoy denota una maga femenina. En la Edad Media el término *bruja* (witch) era de género común. Según el *Malleus Maleficarum*, uno de los más importantes tratados sobre brujería, las brujas eran antropófagas. Eran capaces de levantar tormentas de granizo y causar esterilidad en el hombre y en la bestia. Se juntaban carnalmente con demonios, y sus descendientes eran igualmente demoníacos. Podían transportarse a voluntad, golpear a un enemigo con un rayo, influenciar los decretos de los tribunales, hechizar por la sola mirada, y causar calamidades y muerte.

bruja, marca de la

Una mancha de color rojo o azul en el cuerpo, producida por un proceso de tatuaje, que marcaba a una bruja como adepta de Satanás. La marca también era conocida como *la marca del diablo*. Uno de los padres latinos, Tertuliano, dice que es costumbre del diablo marcar a sus adeptos. La marca es "insensible y al pincharla no sangrará", según el cazador de brujas Richard Bernard, cuando aconsejaba a los grandes jurados del siglo XVII.

bruja, última

Alice Molland, declarada culpable de utilizar hechizos para exterminar a tres personas, fue la última bruja ejecutada en Inglaterra en 1685. (Ver Éxodo 22:18; Levítico 20:27).

En el antiguo Egipto, en Grecia y en Roma los magos eran procesados, y la magia prohibida, con la imposición de severas sanciones. Los romanos también tomaron medidas para controlar la brujería.

brujas, aquelarre de

Asamblea de brujas y magos, celebrada cada tres meses: el 2 de febrero; la noche de Walpurgis —o "noche de brujas"—, que era víspera del May Day; en la víspera del solsticio de verano, y en la víspera del 1º de noviembre. Las brujas, ungidas con grasa de niños asesinados o exhumados de tumbas o utilizando belladona y acónito como *ungüentos voladores*, cabalgaban por el aire en cabras, ruecas, rastrillos, escobas, e incluso en carruajes. Tenían la oportunidad de encontrarse con el diablo en esas reuniones, que se realizaban en la cima de una montaña o en un cruce de rutas. Por lo general, se encontraba cerca un árbol muerto o una horca. Satanás mismo presidía, en forma de cuervo, gato, o cabra, o incluso de ser humano. Las brujas reunidas rendían homenaje inicial al Gran Maestro con el Osculum infame, un beso en el trasero. Sus contribuciones incluían niños robados o sus propios hijos puestos como neófitos en el servicio de Satanás. De vez en cuando en estas reuniones las brujas se desnudaban, como se representa en muchas pinturas medievales y grabados. Hombres y mujeres de *calidad*, cortesanos, señores terratenientes, ricos y distinguidos también participaban en el aquelarre, como indican las pinturas medievales de escenas de brujas.

brujas, caza de

Esporádicamente a lo largo de la Edad Media, la gente participaba en la caza de brujas, que es la práctica de buscar a sospechosos de brujería, torturándolos hasta hacerlos confesar, y condenándolos a muerte tras un juicio sumario. Apoyada por grupos religiosos y cívicos, en los siglos XVI y XVII la caza de brujas alcanzó una mayor intensidad, lo que se caracterizó por innumerables quemas en masa. Estas operaciones fueron más comunes en Francia, Alemania, Italia, España y Dinamarca. En Inglaterra, Lancashire fue el lugar de muchas investigaciones, juicios y condenas sobre variado grado de rumores y evidencias subjetivas de mujeres acusadas de brujería. Asimismo, tiempo después en el mismo siglo, se llevaron a cabo campañas en el sur de Inglaterra. En los Estados Unidos la caza de brujas en Salem, Nueva Inglaterra, se hizo famosa por la crueldad de su proceso.

brujas, círculo de
Un círculo tenía el propósito de aprovechar el poder ocultista despertado por las brujas.

brujas, manteca de
En la leyenda sueca los familiares de las brujas, los gatos, estaban tan bien alimentados que mientras acompañaban a sus dueñas a un aquelarre a menudo vomitaban en los jardines. Al resultado lo llamaban manteca de brujas.

brujas, montañas de
Ciertas montañas de Europa, tales como las Babia Gora—las Montañas de las viejas—de Carpatia, están estrechamente asociadas con las reuniones de brujas. En Alemania había varias de esas montañas, en Turingia, Westfalia, y en otros lugares: el Huiberg, cerca de Halberstadt, la Hörselberg, la Köterberg, la Staffelstein. En Francia estaba el Puy de Dôme. Las montañas de brujas en Italia son Barco di Ferrara, Paterno di Bologna, Spirato della Mirandola y Tosale di Bergamo.

brujas, ungüento de
Este brebaje venenoso estaba hecho de sapo, gato, lagarto y víboras; las brujas lo usaban para envenenar cultivos.

brujo (femenino: *bruja*)
Hechicero, en demonología cubana.

brujo
Mago o hechicero varón.

brujo (wizard)
En el reinado de Carlos IX de Francia, se estima que solamente en París vivían unos treinta mil brujos, mientras que otros cien mil vivían en el resto de Francia.

brujería, creencia en la

Reyes y reinas antiguos, entre ellos la reina Isabel de Inglaterra y Jacobo VI de Escocia, así como estadistas y autoridades universitarias, médicos, teólogos y escritores, seguían cuidadosamente las prácticas de brujería. Muchos miembros de la realeza y hasta papas incursionaron o se sospechaba que incursionaban en las artes negras.

brujería, influencia de la

La brujería, que opera arteramente, se manifiesta en una variedad de circunstancias. La soledad puede hacer que una persona sea susceptible a esa fuerza. Entre los nativos de Dobu, una isla del Mar del Sur, alguien solo en el monte está en constante peligro de brujería.

brujería en Roma

Los antiguos romanos estaban familiarizados con la capa de invisibilidad y la varita mágica. En el siglo antes de Cristo, el rey Mitrídates del Ponto, en Asia Menor, introdujo en Roma muchos métodos orientales de brujería.

El escritor romano Petronio menciona el término *súcubo*, pero probablemente con el significado de un cambio. Así Apuleyo llama *súcuba* a Psique. Apuleyo, una vez más, en la misma *Metamorfosis*, cuenta la historia de dos brujas que sacaron el corazón de un amante infiel y lo reemplazaron por una esponja.

brujería y papistas

En la Inglaterra del siglo XVII y en Suiza, la caza de brujas estaba estrechamente asociada con la persecución de los católico-romanos. En efecto, el catolicismo y la brujería eran, en un sentido político y religioso, considerados sinónimos, según los registros históricos y parlamentarios contemporáneos, folletos, diarios, biografías, juicios estatales, y memorias.

bruxa

Un término portugués para bruja.

buer
Demonio amable que sanaba y traía felicidad doméstica.

Bulwer-Lytton, Edward (1831-1891)
Novelista inglés que estaba interesado en el ocultismo y fue conocido de Eliphas Levi. Bulwer-Lytton fue en un tiempo el jefe de un centro de magia en Londres.

bune
Demonio que hechizaba tumbas.

Byleth
En las regiones infernales este demonio es un rey.

Caacrinolaas
Conocido como el gran presidente del infierno.

Cábala
Este cuerpo de tradiciones místicas hebraicas, trata mayormente acerca de los espíritus y demonios, y métodos para controlarlos. Una rama se refiere a las operaciones místicas que comprenden anagramas, nombres de espíritus y de ángeles, y otras cuestiones ocultistas reveladas por medio de cálculos, escrutinio minucioso y permutaciones de palabras y números. Según la cábala, todos los hombres tienen poderes mágicos que pueden desarrollar.

caballo
En la leyenda medieval, el diablo y sus demonios a menudo tomaban la forma de un caballo. Un elfo potro, por ejemplo, era un espíritu maligno de forma equina que atraía los caballos reales a la destrucción en los pantanos. Según el historiador romano Tácito, las tribus germanas practicaban la adivinación mediante la observación de los relinchos y el relinchar de ciertos caballos sagrados.

Caballeros Templarios
Una organización medieval formada por caballeros, campesinos y hombres de órdenes sagradas que estaban bajo la regla

benedictina cisterciense reformada. Fueron perseguidos como satanistas a principios del siglo XIV.

cabello

Al hacer un pacto con Satanás, la bruja ofrece su cabello, al que Satanás transforma en granizo. Se creía que la potencia mágica residía en el cabello; por tanto, en la Edad Media, a las brujas se las rapaba antes de la tortura.

cabeza de Bafomet

Estas cabezas de espíritus eran adoradas por los gnósticos como una divinidad. Más tarde fueron igualmente veneradas por los templarios.

cabiri

Deidades antiguas en determinadas zonas de Grecia que se destacaban por sus poderes mágicos.

cabra sin cuernos

En vudú, un humano al que se quiere utilizar en un sacrificio.

cadáveres

En la antigua Tesalia los cadáveres eran vigilados escrupulosamente por la noche porque habitualmente las brujas usaban sus dientes para arrancar trozos de carne de los muertos para usarlos en los hechizos mágicos.

caduceo

Este objeto fue llevado por Hermes en la mitología griega y conocido como "vara de Mercurio"; tenía talladas dos serpientes entrelazadas, que simbolizan los poderes de la magia.

Cagliostro, Conde Alessandro (1745-1795)

El conde Alessandro Cagliostro, alquimista italiano, hermético y mago, era conocido por su título ficticio, Giuseppe Balsamo. Después de cometer una serie de crímenes en Sicilia, comenzó a viajar por Europa, practicando la hechicería. Era tan hábil que fue recibido entre las familias más notables, y con su esposa,

Lorenza Feliciani, amasó una enorme fortuna por medio de la venta de elixires mágicos y pociones de amor.

Caldea

Este país fue particularmente rico y predominantemente activo en cultos y rituales mágicos. Ya en el libro de Daniel se asociaba a los caldeos (kasdim) con magos.

caldera

En la tradición celta se trata de un recipiente para hervir agua utilizado en ritos mágicos para revivir a los muertos o dar fertilidad a las cosechas.

caldero de la regeneración

Ceremonia de una bruja, que se celebraba en o cerca del 12 de diciembre, también llamado Bajar la luna. Un caldero ubicado en el centro de un círculo mágico se llena de hojas arrojadas y luego encendida por un espíritu, mientras que los miembros presentes, encabezados por la sacerdotisa bruja, cantan una invocación a la luna y danzan en estáticamente.

Calmet, Agustín (1672-1756)

Monje benedictino francés que en 1751 publicó un libro sobre brujería, demonología, y vampiros.

Calipso

Esta ninfa, que puede conferir inmortalidad, aparece en el poema de Homero la *Odisea*.

calundronius

Piedra mágica usada para resistir los demonios y anular encantamientos.

Cambions

La descendencia de súcubos e íncubos. Lilit es un tipo de súcubo.

caminar

Caminar por la mano izquierda, o contra el sol, era característico de quienes practicaban la magia negra.

Canidia

Bruja que aparece en uno de los poemas del poeta romano Horacio. Se la describe como torturando a un niño hasta la muerte con el fin de usar su médula ósea y su bazo en una poción de amor para sí misma.

canto de gallo

Las asambleas de aquelarre duraban hasta el canto del gallo. Pedro negó a Jesús cuando el gallo cantó por tercera vez.

Casanova, Giácomo (1725-1798)

Aventurero italiano en cuya vida tuvieron un papel preponderante las prácticas mágicas. Él inventó un criptograma, llamado cábala, que se usaba en la adivinación. Poseía, entre otras obras, *La clave de Salomón* y un libro sobre el conjuro de demonios, y por lo tanto terminó involucrado con la Inquisición. En sus contactos con la sociedad europea, participó en la caza de tesoros ocultos y el conjuro de gnomos.

catabolics

Estos demonios eran famosos por secuestrar y matar hombres.

Catalin

Nombre de un brujo que aparece con frecuencia en la leyenda mágica irlandesa.

catancy

Planta utilizada por las brujas antiguas en pociones de amor.

Cellini, Benvenuto (1500-1571)

Benvenuto Cellini, un artista italiano, orfebre y escultor que participó en la invocación de espíritus durante una ceremonia en Roma en la que estuvo presente, junto con un número de reconocidos hechiceros.

cenizas

Cenizas mágicas con propósitos de purificación se describen en Números 19:10: "Y el que recogió las cenizas de la vaca lavará sus vestidos, y será inmundo hasta la noche; y será estatuto perpetuo para los hijos de Israel, y para el extranjero que mora entre ellos". Las cenizas son de una novilla alazana sin mancha que ha sido sacrificada.

cepionidus
Esta piedra mágica refleja la semejanza del que contempla.

ceraunoscopia
La adivinación mediante la observación de rayos y truenos.

cerne
Un nombre obsoleto para un círculo mágico, trazado con una vara de mago para conjurar demonios.

Cham-Zoroastro
Después del período del diluvio, se cree tradicionalmente que el primer brujo fue Cham-Zoroastro.

Cham-Zoroastro, hijos de
Los cuatro hijos de Cham-Zoroastro: Cus, Mizraim, Fut y Canaán eran los señores de la magia sobre sus respectivos territorios: África, Egipto, las tribus del desierto y Fenicia.

Chthonios, Hermes
Esta deidad griega se identifica con Tot de Egipto.

Chyndonax
Antiguo sacerdote druida y mago.

Cicerón, Marco Tulio
Marco Tulio Cicerón, orador romano y filósofo del siglo I a. C., escribió un tratado sobre la adivinación y disertó sobre cantos mágicos, conjuros y otros temas similares.

ciupipiltin
Espíritus maliciosos de mujeres que murieron durante el parto.

clariaudiencia
Facultad espiritista para oír voces que normalmente no se escucharían, incluyendo:

+ Clarisintiencia: diagnóstico espiritista de enfermedades aparte de la ciencia.
+ Clarividencia: discernimiento de cosas que normalmente no se presentan a los sentidos.

Clave del rey Salomón

Libro sobre magia supuestamente atribuido al rey Salomón, pero en realidad de origen medieval. Fue uno de los libros de magia más populares de la Edad Media. Los contenidos abarcaban instrucciones sobre cómo invocar demonios, requisitos del desempeño de los magos con respecto a la vestimenta, perfumes, fuego, instrumentos y detalles sobre la construcción el círculo mágico.

clima

En la brujería malaya se usaban hechizos para controlar el clima, tales como convocar a un viento, aliarse con una tormenta o traer lluvia.

Cobol

Entre los antiguos sármatas, se conoce a Cobol como un demonio.

cobre

Se cree que este metal posee el poder de alejar los espíritus. Cada vez que un gobernante espartano moría, los espartanos golpeaban una olla de cobre.

colores

Según Plinio el Viejo, las señales y los presagios eran extraídos del color de los rayos del sol, la luna, los planetas, y el aire.

Compusa

Una súcuba.

concepción, notas de

Estas notas de papel consagrado disipaban la enfermedad cuando se las tragaba. La colocación de estas notas en una cuna, uniéndolas a artículos domésticos, y colocándolos en los establos y bajo los umbrales protegía de la brujería. Durante la Edad Media, las monjas carmelitas vendían notas de concepción por pequeñas sumas de dinero.

conjuro

Frase de una fórmula típica para invocar la aparición de un espíritu o espíritus específicos.

conjuro

Utilizado para hechizar a una persona, invocar demonios, o llevar a cabo actos similares, un conjuro es una fórmula mágica que se susurra para aumentar su eficacia e incomprensibilidad.

Constitución de Honorio

Un libro de magia atribuido al papa Honorio III, que se difundió en el siglo XIII y fue publicado por primera vez a principios del siglo XVII. El libro *La constitución de Honorio*, describe el ritual del conjuro, que implica la mutilación de un gallo negro, el sacrificio de un cordero y la inscripción de símbolos místicos.

Constant, Alphonse Louis (1810-1875; véase también Zahed, Eliphas Lévi)

Francés que escribió libros sobre magia bajo el seudónimo Eliphas Lévi Zahed.

copas

Copas que poseían propiedades mágicas aparecen en la antigua leyenda celta con el poder de curar la mudez o de traer buena suerte.

Corneto

Antigua ruina etrusca en Corneto, Italia, donde las excavaciones han revelado pinturas que representan el conjuro de demonios.

Craca

Bruja mencionada por el historiador Saxo Grammaticus, que transformaba alimentos en piedras.

cristianismo y brujería

Después de la introducción del cristianismo en Gran Bretaña, los ritos paganos, según San Agustín, seguían perdurando. Aun luego, en el siglo VII, el Arzobispo Teodoro prohibió las prácticas de las brujas que ofrecían sacrificios a los demonios, comían en los templos paganos, celebraban fiestas en lugares abominables, y vestían a las personas con pieles de animales.

Crowley, Aleister (1875-1947)

Satanista británico que fundó una secta mística basada en los principios de la magia y el ocultismo, violentamente opuesta al cristianismo.

cuervo

En el aquelarre, en la invocación al diablo, los celebrantes cantan: "¡Cuervo negro! ¡Cuervo negro!".

dáctilos

Legendarios magos frigios.

dardos

Los magos laponios utilizaban dardos mágicos capaces de ocasionar agonías y lesiones a la víctima.

Dashwood, Sir Francis

Este ocultista del siglo XVIII era el Superior del secreto y obsceno círculo satánico conocido como "Monjes franciscanos de Medmenham".

de Abano, Pedro (circa 1250-1310)

Siendo aun joven, este médico italiano nacido cerca de Venecia fue iniciado en los caminos del ocultismo por un hechicero. Después viajó y estudió extensamente en Europa, realizando muchas hazañas de hechicería. Entre sus obras está *Magical Elements* o *Heptameron* (Elementos mágicos o Heptamerón).

de Bothwell, Earl

Este conde del siglo XVI fue un noble escocés y el gran maestro de un numeroso aquelarre de brujas.

de París, Guillaume

Brujo medieval que hacía estatuas que podían hablar con intervención demoníaca.

de Postel, Guillaume (1510-1581)

Cabalista y astrólogo francés. Guillaume de Postel, hijo de campesinos pobres, logró convertirse en un maestro de lenguas orientales, participó en misiones diplomáticas, y más tarde fue nombrado profesor de lenguas orientales y matemáticas. Renunció a su puesto, sin embargo, y adoptó ciertas creencias gnósticas. Escribió la *Key of Things Kept Secret from the Foundation of the World* (La clave de las cosas guardadas secretas desde la fundación del mundo).

de Rais, Gilles (1404-1440)

Un noble francés que dilapidó su vasta fortuna y luego recurrió a prácticas de nigromancia con la ayuda de socios hechiceros para recuperar su fortuna. Fue condenado a muerte por sus prácticas ocultistas.

de Villanova, Arnaldo

Médico del siglo XIII que viajó por Europa y África. Arnaldo estaba interesado en el ocultismo, la interpretación de sueños y la alquimia. Se basó mayormente en símbolos cabalísticos, invocaciones ocultistas y brebajes a base de hierbas de relevancia mágica. También tenía fama de haber tenido comunicación cara a cara con poderes satánicos.

dedos

Según la leyenda turca las personas solo comían con sus primeros tres dedos, porque, supuestamente, el demonio comía con los otros dos.

Dee, John (1527-1608)

Este matemático inglés estudió astrología, alquimia y otros temas del ocultismo. Tuvo una turbulenta carrera como mago y fue encarcelado por cargos de hacer horóscopos y usar encantamientos contra la reina María de Inglaterra.

Delrio, Martin

Este abogado español del siglo XVI, acusador de brujos, escribió sobre brujería y sobre los magos.

della Mirandola, Pico (1463-1494)

El conde Giovanni Pico della Mirandola fue un filósofo y místico italiano. Dominaba el griego, latín, hebreo, caldeo y árabe. Dedicó la mayor parte de su corta vida a estudiar y escribir, especialmente sobre el arcano místico de la cábala.

della Porta, Giovanni Battista (1538-1615)

Físico napolitano interesado en la magia. Cuando era joven, publicó su *Magia Naturalis*, que más tarde, en 1589, se publicó nuevamente en forma ampliada en veinte libros. En Nápoles también fundó una Academia de los Secretos de la Naturaleza.

demonios

Espíritus maliciosos, mensajeros de Satanás, decididos a destruir. Por lo general equipados con alas, los demonios pueden moverse por toda la tierra, comer, beber, propagarse y morir. Permanecen invisibles, pero pueden ver. Trabajan en la oscuridad de la noche y constantemente atacan a los humanos en una diversidad de maneras siniestras, incluso entrando en el cuerpo. Para protegerse de los demonios, las víctimas utilizaban amuletos, hechizos y encantamientos, junto con la participación en ceremonias ocultistas.

demonios como agentes

Demonios fueron enviados a vengar o castigar a malos humanos.

Referencia escritural: Lucas 22:31

> Dijo también el Señor: Simón, Simón, he aquí Satanás os ha pedido para zarandearos como a trigo.

De acuerdo a Juan 10:10 los demonios tienen la misión de robar, matar y destruir a los hijos de Dios. Estos espíritus fueron creados para la venganza, y en su furia se basan en dolorosos tormentos. Como agentes de los brujos, los demonios tienen funciones especiales.

desiertos

Los amplios espacios abandonados siempre se asocian con demonios. Maimónides, un filósofo medieval, declara: "En aquellos días se había extendido la creencia de que los espíritus habitaban en el desierto, hablaban, y aparecían allí".

diablo, adoradores del

Yesidi significa "adorador de dios". Pero este nombre de los adoradores del diablo se aplica a la pequeña comunidad Yesidi de Sinjar Hills en Irak, que afirma descender de Adán solamente.

diablo, bastón del

Se dice que este bastón que ha sido utilizado por el diablo; se conserva en Tolentino, Italia.

diablo, campana del

El sonido de campanas era asociado con operaciones demoníacas en los Pirineos.

diablo, características del

A pesar de la reputación siniestra y malvada del diablo, en la leyenda medieval se le atribuyen buenas obras y servicios ocasionales a los hombres. Se creía que él era el constructor de puentes que la habilidad de la ingeniería humana no podía lograr. O trabajaba en las minas de plata donde los mineros humanos no podían penetrar. En otras leyendas, él era el navegador que dirigía a los barcos a través de tremendos peligros.

diablo, danza del

En el Tibet y otras regiones de Oriente y en África, la danza del diablo, en la que los bailarines representan a demonios por medio de máscaras diabólicas, se utilizaba como un medio de exorcismo.

diablo, fajas del

Las brujas de los tiempos medievales fueron acusadas de vestir la faja del diablo, posiblemente como una señal de lealtad.

diablo, firma del

En uno de los libros de magia negra, *The Grand Grimoire* (El Gran Grimorio), firmado por Lucifuge Rofocale, se realiza una alianza entre el brujo y el demonio

diadocos

Joya que tenía propiedades útiles para la adivinación.

Diancecht

En la leyenda irlandesa este dios de las sanguijuelas era un maestro de brujería y propietario de una embarcación mágica de cobre llamada *The Wave-Sweeper* (El barre olas).

Diodoro de Catania

Un brujo y mago notorio por su poder del mal de ojo. Fue enterrado vivo en un horno.

Disco de Oro

El Disco de Oro de los Cuatro Castillos es un disco mágico que una vez fue propiedad del Dr. John Dee y ahora está en el Museo Británico.

div

El término iraní para demonios.

djinn (jinn)

En demonología musulmana los djinn son espíritus que poseen poderes sobrenaturales. Estos seres corpóreos suelen semejar animales en forma de avestruces o serpientes, y también pueden asumir forma humana. Se montan en puercoespines, zorros y gacelas.

duende

Demonio malicioso. Espíritu que hace bromas maliciosamente a los seres humanos.

druida, rueda del

También conocida como "el Elucidator," este artefacto es utilizado para la adivinación.

druidas

En las antiguas leyendas galas los druidas eran conocidos como sacerdotes-magos que realizaban hechizos y practicaban la adivinación y otras técnicas mágicas. Los ritos de los druidas se manifiestan en la víspera de Todos los Santos como se observa en el norte de Escocia. En las Islas Hébridas escocesas existen sitios conocidos de altares druidas dedicados a sacrificios humanos.

druidas, colegio de

Dicho centro de formación se dice que existió hasta el siglo VI d. C. en la Isla de los Druidas, en las islas Hébridas Exteriores, en Escocia.

Druj

En el zoroastrismo, a Druj se le conoce como un demonio-cadáver.

Drusii

Entre los antiguos galos, los Drusii eran conocidos como demonios que habían tenido relaciones sexuales con mujeres.

Druso, Livio

El historiador Tácito menciona a este mago y nigromante romano en sus *Annales*.

Duque de Richelieu

El duque de Richelieu era políticamente prominente, pero también incurrió en prácticas de magia negra.

Duppy

En la demonología de las Indias Occidentales, se conoce a Duppy como un fantasma.

efesias, letras

Expresiones griegas antiguas utilizadas para protegerse de encantamientos, tales como *aski, kataski, tetrax*.

ejecución
La última ejecución por brujería tuvo lugar en 1722 en Escocia.

ekimmu
Conocido como un demonio-vampiro en la demonología asiria.

Elimas
También llamado *Barjesús*, Elimas es un hechicero que aparece en la Biblia: "Y habiendo atravesado toda la isla hasta Pafos, hallaron a cierto mago, falso profeta, judío, llamado Barjesús" (Hechos 13:6).

Empusae
Descendientes de Hécate, esos antiguos, obscenos y malévolos demonios femeninos asumían formas de animales, pero a menudo se transformaban en hermosas doncellas que actuaban como súcubos. Aparecieron en la obra del escritor de comedia griega Aristófanes.

encantamiento
El empleo de intentos mágicos para usar el poder del espíritu.

encanto
Una fórmula mágica o un objeto que es eficaz en la producción de resultados potentes. Algunos ejemplos incluyen la lámpara de Aladino o la fórmula: "Ábrete, Sésamo".

enfermedades
Los romanos usaban amuletos para prevenir las enfermedades de los ojos, los dolores de cabeza, el dolor de muelas, los tumores, la epilepsia, fiebres y picaduras venenosas.

Erictón
Esta bruja practicaba monstruosas artes negras, incluyendo necromancia, y apareció en el poema épico *La farsalia*, del poeta romano Lucano.

erotylos

Según Plinio, esta piedra confería poder de adivinación.

esbat

Una reunión semanal de aquelarres.

escarabajo

La imagen del escarabajo sagrado egipcio, usualmente hecha de mármol, piedra caliza, o basalto verde. El escarabajo simbolizaba la otra vida y poseía poder mágico. En la práctica mágica era usado como un talismán.

espadas

Las espadas de brujas utilizadas en operaciones mágicas se hacían de acuerdo a la prescripción de *La clave de Salomón* con una inscripción cabalística hebrea en la empuñadura y la hoja.

espada de Moisés

Un tratado del siglo X d. C. que contiene recetas mágicas y fórmulas para contrarrestar los males humanos.

espíritu

El alma de un cadáver, también llamado espectro, fantasma, aparición.

estado fronterizo

Un estado mental que se dice que es la primera etapa de la transición desde el plano material de la existencia a la eternidad cuando el cuerpo muere.

Estrie

Un demonio o bruja medieval capaz de cambiar de forma a voluntad. Esa voladora nocturna lleva a cabo misiones malignas y bebe sangre humana como un vampiro.

excremento

El excremento de seres humanos y de animales era un ingrediente común en pociones mágicas, y era utilizado además con fines terapéuticos. Existía una particular demanda de excrementos de perros, lobos, bueyes, vacas, cerdos, cabras, ovejas, palomas, gansos, gallinas y ratones.

exorcismo
Expulsión de espíritus malignos o demonios de personas o lugares usando ritos ocultistas que implican hechizos, encantamientos y conjuros.

experto
Un ocultista experimentado que ha perfeccionado su oficio.

familiar
Un demonio unido a una bruja o brujo, que a veces asumía la forma de un gato, perro, topo, araña, rata, mono, liebre, sapo, o hurón.

fapisia
Según la leyenda portuguesa, esta hierba ahuyenta los demonios.

Fattura della Morte
Un dispositivo italiano, llamado *hacedor de la muerte*, utilizado en magia simpática. Por ejemplo, un limón, sujeto con clavos, es quemado sobre un fuego con el acompañamiento de encantamientos.

Fausto, Johannes
Un mago alemán medieval, considerado el mayor practicante de las artes negras de su época. Escribió un gran número de libros sobre magia.

fetichismo
En el ámbito de la magia, el fetichismo es la adoración de objetos tales como piedras o árboles, así como muñecos y otros, en los cuales se supone que residen espíritus poderosos..

filtro
Una poción mágica usada para producir efectos emocionales, generalmente eróticos, en quien lo ingiere. Los filtros amorosos eran bien conocidos en la antigüedad y son mencionados por el

historiador griego Plutarco, en *Preceptos conyugales.* Los ingredientes utilizados en pociones incluyen nuez de betel, huesos de rana, tabaco, mandrágora, corazón agitado, hilos de sangre, vísceras, dedos, corazones, genitales, excrementos, cerebros, carne, pelo, orina, médula ósea, y ámbar gris. En la magia oriental estos eran hechos con el cerebro de una abubilla machacado en un pastel o con mechas para lámparas mágicas inscritas con invocaciones y luego quemadas.

finskgalden
En la magia islandesa es el dominio y la potestad de un demonio que sigue el brujo.

Flamel, Nicolas
Un alquimista francés del siglo XVI.

flechas
Medio para obtener conocimiento mágico conocido en los tiempos bíblicos. "Porque el rey de Babilonia se ha detenido en una encrucijada, al principio de los dos caminos, para usar de adivinación" (Ezequiel 21:21). Hizo brillantes saetas, consultó con imágenes, y miró en el hígado para tener conocimiento. Llenó su aljaba de flechas en las cuales había escrito los nombres de enemigos. Cuando sacaba una flecha, la dirigía al enemigo cuyo nombre había sido inscrito en ella.

Fludd, Robert (1574-1637)
Un cabalista inglés que escribió dos obras: *Mosaical Philosophy* (Filosofía mosaica), y *Summum Bonum* (El sumo bien), en el que defendía las artes mágicas y ocultistas.

Fong Onhang
En la leyenda ocultista china, Fong Onhang es conocido como un fabuloso pájaro, similar al ave fénix.

Invocación, fórmula de
Una antigua fórmula que se utiliza para invocar demonios.

fragarach
En la leyenda irlandesa, una espada con propiedades mágicas.

Fredegonde
Una reina franca del siglo VI que se creía que tenía el mal de ojo y que además practicaba la brujería.

frijoles
Los egipcios creían que los frijoles estaban dotados de propiedades mágicas. Los frijoles negros fueron utilizados como una ofrenda a los dioses infernales.

Gaffarel, Jacques (1601-1681)
El Cardenal Richelieu empleó a este mago como bibliotecario.

gandreid
En la magia islandesa, una operación que efectúa la transvección por aire.

Garnier, Gilles
Francés del siglo XVI, de Lyon, que fue condenado a ser quemado vivo por un cargo de licantropía.

gatos
Los gatos son utilizados por los espiritistas de alto nivel como cáscaras vacías por medio de las cuales operan los proyectores astrales.

Gaufridi, Louis
Louis fue un brujo, conocido como el Príncipe de los Hechiceros, quien fue ejecutado en 1611.

Gello
En la antigua leyenda griega Gello es un vampiro femenino o duende que secuestraba niños pequeños.

geloscopía
Adivinación mediante la observación de la risa de una persona.

gematría

Método criptogramático cabalístico basado en las veintidós letras del alfabeto hebreo. Se utiliza para descubrir los valores numéricos de las letras y en consecuencia determinar la relación entre las palabras.

ghirlanda della streghe

Entre las brujas italianas esto se conocía como *guirnalda de la bruja* y era utilizada en la magia simpática. Construida con una cuerda, las plumas de una gallina negra eran anudadas a intervalos regulares. Se decía un conjuro sobre la guirnalda.

ghoul

En demonología árabe, un demonio con un solo ojo, alas y forma de animal, a menudo devorador de carne.

Glanvill, José (1636-1680)

Un eclesiástico inglés que publicó un libro sobre brujería en 1668.

glosopetra

Con la forma de una lengua humana, se decía que esta piedra mágica había caído del cielo durante la luna menguante. Era utilizada por los magos para causar movimientos lunares.

gnósticos

Adherentes al gnosticismo, una doctrina que aceptó características de las religiones babilónicas, egipcias, persas y cristianas, la cábala mística hebrea y las artes mágicas. Los gnósticos basan su salvación espiritual en la totalidad de su conocimiento secreto y en las prácticas mágicas, y fundamentalmente fueron considerados como hechiceros.

goetia (goety)

Un término derivado del griego que significa brujería.

golem

En la leyenda hebrea un monstruoso autómata al que se dio vida por medios mágicos. La fórmula para la creación de un golem, dada por Eleazar de Worm en Alemania, en el siglo XIII, era obtener suelo virgen de un terreno montañoso no hollado aun por el hombre.

Muchos de estos robots han aparecido a lo largo de la historia hebrea. El cabalista del siglo XVI, Elías de Chelm, hizo un androide, que llegó a vivir cuando el nombre divino místico fue escrito en su frente. Sin embargo, el rabino Judah Loew de Praga produjo el golem más famoso a fines del siglo XVI.

gorras rojas
En la demonología irlandesa, las brujas llevaban dichas gorras cuando asistían al aquelarre.

Gowdie, Isobel
Bruja escocesa del siglo XVII. Isobel Gowdie llevaba la marca del diablo en su hombro.

gram
En la mitología nórdica es una espada que poseía propiedades mágicas.

Gran Copto
Título asumido por Cagliostro, bajo el cual él afirmaba haber vivido a través de siglos sucesivos por medio de una receta oculta.

Grandier, Urbain
Urbain Grandier, un sacerdote de Loudun, Francia, fue acusado de embrujar a las monjas locales. Fue arrestado bajo cargo de brujería, torturado y quemado vivo en 1634. Su pacto con el diablo se conserva en la Bibliothèque Nationale.

Gratoulet
Un famoso hechicero francés del siglo XVI.

greal
En la mitología celta esta bebida mágica induce la inspiración.

Greatrakes, Valentine

Un médico irlandés del siglo XVII, curaba usando medios ocultistas. Afirmaba haber sanado a muchos por la imposición de manos, o la caricia.

Grecia (creencia en la magia)

La magia y los elementos sobrenaturales asociados a sus operaciones fueron objeto de una ferviente creencia entre los primeros cosmólogos griegos y los filósofos presocráticos. Tales y Heráclito en el siglo VI a. C., creían en el círculo mágico. Tales creía que los demonios eran reales. Más tarde, incluso Platón aceptó la existencia de fantasmas, espíritus de los muertos que regresaban a este mundo. En sus diálogos filosóficos también aludió a nudos mágicos, encantamientos y adivinación por las entrañas de animales. Afirmaba que a la hora de la muerte, los hombres poseían el poder de profecía. Según Porfirio, un filósofo griego del siglo III d. C., había demonios que atormentaban casas y acosaban a los ocupantes. Muchos escritores griegos de comedia, desde Aristófanes hasta Menandro, aluden con frecuencia a prácticas mágicas.

Grillando, Paolo

Este juez italiano del siglo XVI publicó un tratado sobre adivinación, hechicería y otras prácticas ocultistas.

grimorio

Manual de un brujo.

Gross, Allison

En la literatura romance escocesa, Allison Gross era una bruja fea que lanzaba hechizos sobre quienes no se rendían ante ella.

Guibourg

El siniestro Guibourg realizaba ritos mágicos asociado con Madame de Montespan; fue ejecutado.

Hacks, Charles

Bajo el seudónimo de Dr. Bataille, se presume que este médico alemán del siglo XIX escribió *Le Diable au XIXe siècle*, (El diablo en el siglo XIX), que relata sus extrañas experiencias ocultistas relacionadas con el vasto predominio del satanismo.

hamon

Con la forma de un cuerno de carnero, esta piedra mágica como oro, se utilizaba para revelar misterios divinos.

Hanon-Tramp

Un demonio de pesadilla en la tradición teutónica.

Hantu Pusaka

Hantu Pusaka, en la magia malaya, es un demonio de las tumbas.

Harries, John

Este médico y adivino galés del siglo XIX era propietario del notorio *Libro de magia*.

Hécate

Esta triple diosa, patrona de la brujería en la antigua Grecia y en la mitología romana, es mencionada por primera vez por el antiguo poeta griego Hesíodo. Las almas de los muertos la acompañan, y los perros aúllan cuando se aproxima en la noche.

hechizo

Lanzamiento de un maleficio, sobre todo para cegar la mente o cautivar la mente de una persona para distorsionar su percepción.

hechicero

Experto en prácticas de ocultismo, un hechicero está atado a Satanás a cambio del conocimiento y la habilidad en las artes mágicas. Generalmente se lo representa como teniendo una mirada firme, y su poder se mantiene intacto siempre y cuando sus pies toquen el suelo.

Heisterbach, César

Un monje cisterciense alemán del siglo XIII que escribió una serie de doce libros de magia llamado *Dialogue on Miracles* (Diálogo sobre milagros). Estos libros trataban especialmente sobre las manifestaciones del diablo entre los hombres, tanto en formas humanas como de animales.

Heka

Un dios principal egipcio cuyo nombre también significa "magia".

hekau

Una palabra egipcia para la inscripción mágica de un amuleto.

heliotropo

Hierba mágica que se creía que confería invisibilidad.

Hellawes

Según la leyenda artúrica, Hellawes es un notorio brujo.

hepatoscopia

La adivinación mediante el examen del hígado de una oveja.

hermético

Aquel que practica alquimia o artes ocultistas.

herraduras

En la Edad Media, se clavaban herraduras en el umbral de una casa para alejar a las brujas.

herreros

Considerados hechiceros en la leyenda abisinia.

hexagrama

Llamado el *Escudo de David*, es una figura de seis puntas utilizada en ritos mágicos, en particular, para controlar demonios.

hexecontalito

Piedra mágica que era utilizada por los trogloditas en ritos ocultistas como una ofrenda a los demonios.

Hexenhaus

Conocida como *la casa de las brujas*, en Bamberg, Alemania, fue construida expresamente y utilizada en el siglo XVII como una especie de corte para que las brujas fueran juzgadas.

hierbas

Las hierbas se consideraban eficaces para hacer desaparecer enfermedades, descubrir bienes robados, exorcizar ganado encantado, desviar la brujería y entender el lenguaje de las aves. Las hierbas también utilizadas para hacerse uno mismo invisible incluyen: maná del bosque, salvia, menta del prado, arenaria, symplocarpus, hierbas del Edén, triaca, ruda, raíz de lirio, pulmonaria, hierba de San Pedro, suntull, ajenjo, verónica, centifolia, christianwort.

hijab

Entre los árabes, un amuleto o fetiche utilizado para alejar la mala suerte o ganar favor. Un amuleto popular es la forma de una mano.

hipocéfalo

Utilizado por los egipcios, este amuleto en forma de disco, hecho de bronce o lino, tiene inscrito símbolos mágicos.

hipómanes

Crecimiento que se encuentra en la frente de potros recién nacidos, los hipómanes eran utilizados en pociones de amor en los tiempos antiguos.

Holda

Entre los antiguos galos, Holda es un tipo de aquelarre nocturno donde los magos participaban de orgías con demonios que se habían transformado en mujeres danzantes.

Hombre lobo

Otro nombre para el hombre lobo es licántropo o lupino, que significa ser como un lobo. Este espíritu está directamente relacionado con la brujería por medio de la luna (ser enloquecido por la luna, lunático). Se dice que está directamente relacionado con el lupus, una enfermedad que afecta a la piel y las articulaciones.

Homero

El escritor griego más temprano cuya obra se ha conservado. En sus poemas la *Ilíada* y la *Odisea* se describen numerosas prácticas de la magia. En la *Odisea* se cantaron conjuros para detener el flujo de sangre cuando el héroe Odiseo fue herido. Circe, la hechicera que atrae a Odiseo, transforma a los hombres en animales utilizando pociones, una vara mágica y ungüentos. Ella también usa su poder de exorcismo y le enseña a llamar desde el Otro Mundo al espíritu de los muertos.

Hopkins, Matthew

Un abogado inglés del siglo XVII, quien bajo el título de Witchfinder General, puso en marcha una amplia campaña para el exterminio de las brujas. Fue el responsable de la ejecución de cientos, algunos creen que miles, de víctimas.

Houdini, Harry (originalmente Harry Weiss) (1874-1926)

Este mago profesional realizaba hazañas de escape que él decía que no iban más allá de su control personal. Sin embargo, su reputación creció por llevar a cabo hazañas que estaban más allá de la explicación normal. A lo largo de su vida, Houdini estuvo apasionadamente interesado en la historia de su trabajo y acumuló una rara y completa colección de libros en magia; su biblioteca está ahora en la Biblioteca del Congreso de los Estados Unidos. Durante sus últimos años se dedicó a denunciar a presuntos espiritualistas, que afirmaban que podían comunicarse con los muertos.

houmfort

Templo vudú.

hounga

Otro nombre para un Papaloi.

huevos

En la antigüedad, los huevos eran destrozados o perforados durante una comida para que los brujos pudieran usarlos en sus rituales.

Hujumsin

Ocultista chino que practicó la alquimia.

hyena

El poseedor de esta piedra podía predecir el futuro.

I-Ching

Un texto chino antiguo y oscuro, atribuido al cuarto milenio a. C., que trata del misticismo cabalístico. La clave para el I-Ching son los *Trigramas de Fo-Hi*, conforme al nombre del emperador Fo-Hi, el presunto autor.

ictus (pez, en griego)

Símbolo que consiste en dos arcos que se entrelazan; los extremos del lado derecho se extienden más allá del punto de intersección de modo que se asemejan al perfil de un pez. Utilizado por los primeros cristianos como símbolo cristiano secreto.

Idris

Un gigante mago galés, conmemorado geográficamente en Cadair Idris—*el asiento de Idris*—, que es una zona hueca en un pico montañoso de Gales.

imagen, magia de (también conocida como magia simpática)

Lesionar o destruir a un enemigo dañando una imagen que se asemeja a la víctima. Estas estatuillas pueden estar hechas de cera, arcilla o plástico; en la antigua Asiria se usaba madera, lana, betún y sebo. Se usaban alfileres, espinas o agujas para pinchar la efigie; también se arrojaban dardos de sílex que atravesaban la figura, o se realizaba alguna mutilación similar.

imaguncula

Este es el término en latín para la imagen utilizada en la magia simpática.

íncubo

Demonio que tiene relaciones sexuales con mujeres.

infernal, monarquía

La jerarquía de las regiones infernales, según el demógrafo Weirus, está dispuesta en este orden:

* Un emperador
* Siete reyes
* Veinticuatro duques
* Trece demonios que poseen el rango de marqués
* Diez condes
* Once presidentes

inscripciones acadio-caldeas

Estos son los documentos de magia más antiguos que se conocen, grabados en acadio y asirio en el siglo VII antes de Cristo. Eran exorcismos contra todo tipo de mal, incluso enfermedades, plagas y demonios.

Isaac de Holanda

Alquimista del siglo XV.

Isla de Man

Isla en la costa oeste de Inglaterra, que fue uno de los principales centros del antiguo druidismo.

Iwangis

Brujos de las islas Molucas, conocidos por comer cadáveres.

jadi-jádian

En la leyenda malaya, jadi-jádian es una persona que puede transformarse en tigre; un hombre tigre, similar a un hombre lobo.

Jámblico (250-325)

Este filósofo neoplatónico escribió *On the Mysteries of the Egyptians, Chaldeans, and Assyrians* (Sobre los misterios de los egipcios, caldeos, asirios), en defensa de la magia.

Jammabos

Magos japoneses que pretenden conversar con Satanás, y también poseer el poder de resucitar a los muertos.

Janes y Jambres

Dos magos de la corte del Faraón que disputaban con la habilidad de Moisés. Según la leyenda árabe, dos de los magos que desafiaron a Moisés eran Sadur y Ghadur.

Jechiel

Cabalista y médico que vivió en Francia durante el reinado de San Luis. El rabino Jechiel poseía una lámpara mágica que no necesitaba reposición de aceite; también tenía un clavo que podía golpear y causar tormento a su enemigo.

Jigar-Khor

En la demonología hindú, Jigar-Khor es conocido como un comedor de hígado, un hechicero.

jueves

Este día era sagrado para las brujas que asistían al aquelarre. Entre los iraníes se creía que los espíritus de los muertos eran liberados los jueves para volver a visitar sus hogares terrenales.

Juliano

Llamado Theurgus, el Nigromante, una vez utilizó poderes mágicos para expulsar una plaga de Roma.

Juliano, Salvio

Este político romano del siglo II era devoto de la magia.

Kamlat

Entre los tártaros de Siberia esta técnica mágica invoca demonios con tambores.

Kang-Hi

En la demonología china, Kang-Hi es conocido como un señor de las regiones infernales.

Kannus (también llamado Quobdas)

Kannus es el timbal del brujo utilizado para hechizos entre los lapones.

Karina

En demonología egipcia es un familiar que es dado a cada niño al nacer.

katakhanes

En la demonología de Ceilán katakhanes es conocido como un vampiro.

Khamuas

Khamuas, el hijo de Ramsés II, es un mago egipcio.

Khunrath, Heinrich

Médico y alquimista alemán del siglo XVI.

kishuph

Término hebraico que significa brujería; usado en la cábala.

kobold

Demonio medieval en forma de un homúnculo ("hombrecillo") que imitaba la voz humana. El kobold era un familiar de los ventrílocuos.

kosh

Demonio de la selva africana.

kurdos

Los kurdos del Kurdistán tienen fama de ser adoradores del diablo.

Kyteler, Alice

Lady Kyteler, una bruja irlandesa del siglo XIV, fue acusada y juzgada por envenenar a sus cuatro maridos y practicar la brujería.

La Broosha

Forma alternativa española de Lilit, que a menudo tomaba la forma de un gato.

Lacnunga

Un texto medieval médico-mágico que trata de hierbas medicinales y cantos mágicos.

lagarto de dos colas

Un papiro mágico prescribe: "Poner un lagarto de dos colas en aceite, cocinarlo, y ungir al hombre con eso, y entonces muere".

Lambe, John

Este brujo inglés practicó la pronosticación, entre otras actividades. Se creía que el Duque de Buckingham era uno de sus adherentes. En 1628 Lambe fue apedreado hasta la muerte por una turba en Londres.

lamia

Demonio que robaba niños y chupaba su sangre. Lamia era conocido por los antiguos griegos, quienes lo consideraban bisexual. Lamia es otro nombre de Lilit (véase también "súcubo").

Lemegeton

También conocida como *La clave menor de Salomón*, el nombre es de origen oscuro e indeterminado. Este manuscrito medieval, que ahora se halla en el Museo Británico, contiene listas de los setenta y dos demonios en progresión jerárquica. Estos que fueron ángeles rebeldes ahora son espíritus y siempre son maliciosos. Ellos enseñan la astrología y la geomancia, idiomas, hierbas secretas, y nigromancia. Confieren invisibilidad, la facultad de transporte rápido y el poder de transformación. Además afectan a las tormentas, los terremotos y otros fenómenos violentos.

lemures

Entre los romanos los lemures eran fantasmas nocturnos que a veces entraban en las casas y que podían ser expulsados arrojándoles frijoles.

levitación

Suspensión del cuerpo u objetos inanimados en el aire, contra la fuerza de gravedad. Se registró un caso en que un monje italiano, San José de Cupertino, en el siglo XVII, levitó desde el medio de una iglesia hasta el tabernáculo del altar mayor, un espacio de catorce pies.

Libanio

Durante el asedio de Rávena por el emperador Constancio este hechicero utilizó su magia para vencer al enemigo.

Liber spirituum

Llamado *El libro de los espíritus, Liber spirituum* es un manual medieval de magia negra.

Libro Jurado de Honorio

Una obra de magia del siglo XIV.

Libro de Ballymote

Este es un libro irlandés del siglo XIV, que describe un curso de magia, incluyendo instrucciones para hacer hechizos.

Libro del esplendor

Los primeros escritos de la cábala, creados en el siglo XIII.

Libro de la muerte

Un libro negro en el que el diablo supuestamente inscribía los nombres de las brujas reunidas para un determinado aquelarre.

Libro de la Magia Sagrada de Abramelin el Mago

Este libro del siglo XVI, escrito originalmente en hebreo, fue dado por Abraham el judío a su hijo, Lamec. Contiene cuentos de fantasía de magos, magia y prácticas ocultistas.

Libro de las claves

Antigua obra de la cábala.

Libro de los cambios

Colección china de información que explica el arte de la adivinación.

libro de los muertos, El

Escritos egipcios de magia, rituales y mitos que se hallaron en papiros, tumbas y monumentos.

libro negro

Un libro creado para adorar al demonio en el Kurdistán, también llamado "El libro de los yazidis".

Libro Rojo de Appin

Un famoso grimorio.

libros negros

Los libros negros se refieren a colecciones de libros o manuales de magia. Entre los más notables *libros negros* están:

* *El grimorio del papa Honorio,* impreso en 1629 en Roma.
* *Little Albert* (Pequeño Albert)
* *Red Dragon* (Dragón Rojo)
* *Hell's Coercion* (La coacción del infierno), atribuido al Dr. Faustus.
* *El gran grimorio*
* *Sanctum Regum*
* *The Black Pullet* (El pollo negro).
* *The Great and Powerful Sea Ghost* (El grande y poderoso fantasma marino), por el Dr. Johann Faustus.

licantropía

Cambio de seres humanos en lobos. Plinio el Viejo, en su enciclopedia *Historia Naturalis,* menciona una familia, uno de cuyos miembros en cada generación se convertía en lobo durante nueve años. Otros escritores antiguos que dan testimonio de la prevalencia de la licantropía incluyen a Varrón, Virgilio, Estrabón, Pomponio Mela y Solino. En el siglo XVI, en Francia se publicaron edictos contra brujos que practicaban la licantropía.

Lilit

En la Biblia se menciona a Lilit como la "lechuza" (Isaías 34:14, RV60). A este espíritu se lo conoce como la lechuza o arpía de la noche. Lilit es un tipo de pesadilla directamente relacionado con un súcubo (demonio que tiene relaciones sexuales con los hombres en su sueño). Se habla de Lilit en muchas tradiciones populares y en diferentes puntos de vista mitológico. Bíblicamente, Lilit es conocida también como el *demonio del desierto*. Los movimientos feministas de todo el mundo han adoptado a Lilit como símbolo de fuerza para las mujeres. Lilit es el espíritu central del espíritu que *odia a los hombres*. La tradición afirma que Lilit ha sido un enemigo declarado de Dios desde el Jardín del Edén. Este espíritu está asignado a matar a seres humanos antes de que alcancen un año de edad. Muchas autoridades de guerra espiritual relacionan esto con la muerte de cuna. Orar contra este espíritu y cubrir a los recién nacidos con la sangre de Jesús desbarata este diabólico plan del enemigo.

liga

Entre las brujas, el uso de una liga era una insignia de rango.

Lindheim (véase también la Torre de las Brujas)

La estructura llamada *La torre de las brujas* en Lindheim, Alemania, se cree que ha sido el lugar de reunión de brujas en la Edad Media.

Little Albert

Un famoso libro de magia negra que contiene instrucciones para llamar espíritus con círculos mágicos y otras figuras.

lluvia

Entre los druidas de la antigua Galia, las sacerdotisas producían mágicamente lluvia rociando agua sobre o cerca de vírgenes desnudas.

Lotapes

Antiguo hechicero que trabajó en la corte de Faraón.

loup-garou

Término francés para un hombre lobo.

lubin

El corazón de este pez puede ahuyentar a los demonios.

Lucifer (portador de luz; véase también Satanás)

Lucifer, uno de los arcángeles, conducía la adoración en el cielo antes de su estado caído para convertirse en *el enemigo de Dios*. Lucifer, significa "estrella de la mañana", ya que era la criatura más hermosa de la creación de Dios. Isaías 14:12-16 enseña de la rebelión, la caída y el destino eterno del príncipe de las tinieblas, ahora conocido como Satanás o el diablo.

luciferina, doctrina

Un sistema de creencias que venera las características esenciales que determinan a Lucifer. La tradición suele venerar a Lucifer, no como el diablo, sino como un salvador o espíritu guía, o incluso el verdadero Dios como oposición a Jehová.

Lucifugo Rofocale

Según el *Gran Grimorio*, este archidemonio es el primer ministro de Lucifer.

luciferianos

Estos satanistas, que florecieron en el siglo XIII, adoraban y sacrificaban a los demonios durante ceremonias que realizaban a medianoche.

Lulio, Raimundo (1235-1315)

Cabalista español y alquimista sumamente versado en árabe. Como alquimista se le conoce por el oro que hizo, llamado por él *aurum Raymundi*.

lunático

Persona que está bajo la influencia de la brujería por los efectos de la adoración a la luna.

lunático ("deslumbrado por la luna")

Estar diabólicamente aturdido o distraído por fuerzas directamente relacionadas con la luna. Estar loco, enloquecido por la luna, o atado por la locura (ver lunático). Adoración a Baal relacionada con la adoración a los dioses del sol y la luna.

lunatismo

La locura, la enajenación mental y los salvajes cambios de humor se dice que están directamente relacionados con la luna (lunar, lo que es afectado por la luna).

Lupercalia

Festival de la fertilidad celebrado en la antigua Roma el 15 de febrero en honor del dios Lupercus. Relacionado con el culto a Baal.

Macionica

En la demonología eslava se conoce a Macionica como una bruja.

Montespan, Madame de

Una de las amantes de Luis XIV de Francia. Madame de Montespan practicaba las artes mágicas y participaba de la Amatory Mass ("misa amatoria") a fin de conservar el afecto del rey. Esto incluía pócimas de filtros de amor y sacrificio de niños. Madame de Montespan murió, sin embargo, en arrepentimiento y santidad.

magia

La magia es un término difícil de definir. Es, en un sentido formal, la operación de fenómenos de una manera tan inusual e inexplicable como para inducir a la creencia de que su operación es atribuible a fuerzas desconocidas que están más allá de la potencia normal del hombre. Martin Delrio, en su *Disquisitionum Magicarum Libri Sex*, 1599, define a la magia de un manera casi similar: "Un arte o habilidad que por medios que no son de una fuerza sobrenatural, produce ciertos fenómenos extraños e inusuales cuya lógica escapa el sentido común".

magia, características de la

Ciertas características son peculiares en todos los ritos mágicos, incluyendo el color negro, la desnudez, el cabello despeinado, y los pies descalzos.

magia, casa de

En la leyenda celta, las casas de magia se encontraban bajo el mar. Estas regiones se conocían como Lochlann y Sorcha y estaban habitadas por espíritus llamados fomorianos, cuyo jefe era Balor, quien tenía un solo ojo.

magia, cátedra de

En la Edad Media, en Toledo, España, conocida por su interés en la brujería, se estableció abiertamente la cátedra de magia negra, y la universidad ofreció un profesorado de magia negra, un curso en las artes ocultas que duraba siete años.

magia, ritos de la nueva

El concepto de novedad es eficaz en los ritos mágicos. Los magos preferían objetos nuevos que no habían sido contaminados. Los cuencos no utilizados, las armas recién forjadas y el suelo virgen tenían su potencia inherente. Se usaba un cuchillo nuevo para grabar hechizos. Los amuletos eran inscritos en pergamino sin usar. Se usaba una espada nueva para dibujar círculos.

magia benéfica

Magia blanca o magia que se considera que es por una buena causa.

magia en la Biblia

La hechicería de todo tipo era frecuente en los tiempos bíblicos, y el Antiguo Testamento en particular refleja esa condición. Esa magia, sin embargo, no era específicamente judía, sino proveniente de fuentes babilónicas y egipcias. Los hechiceros eran apedreados públicamente hasta morir. Se menciona a una hechicera—*mekashephah* en la versión hebrea—en Éxodo 22:18. La bruja llamada la bruja de Endor podía exorcizar espíritus. En Isaías 19:3 se hace referencia a espíritus familiares y brujos.

Magia greco-egipcia

Ciertos papiros griegos, hallados en Egipto y que pertenecían al primero y segundo siglo d. C., presentaban en detalle las técnicas mágicas para obtener favores de los espíritus, de los demonios y de los dioses del infierno. Las instrucciones incluyen formar imágenes de cera para hechizos de amor, usar amuletos, sacrificios de animales, invocaciones y conjuros alucinantes. Un exorcismo en el que se invoca a Selena, diosa de la luna, requiere el uso de cortezas de pan, coral, sangre de tórtola, un pelo de un buey virgen, una pezuña de camello, pata de potro, un cadáver femenino, y los genitales de un mono.

Magia Naturalis et Innaturalis

Libro sobre la magia subtitulado "El triple tormento del infierno" escrito por el Dr. Johannes Faustus y muy difundido en la Alemania medieval.

magia negra, magia blanca

La magia negra es usada para malos propósitos, y la magia blanca supuestamente es usada para el bien. Debería notarse que toda magia es una abominación y contraría los propósitos de Dios.

magia inversa

Esta forma de magia incluye recitar ciertas fórmulas o pasajes al revés con el fin de contrarrestar o producir efectos mágicos. Los conjuros se cambiaban al revés, se invertían los nombres místicos, las palabras se escribían al revés. La recitación de una particular fórmula al revés daba a la persona el poder de asumir cualquier forma que deseara.

mágico, círculo

Un círculo dibujado alrededor de una persona o de un objeto que iba a ser sometido a la operación de la magia. El círculo, que se trazaba con una espada nueva en torno al hechicero que tenía que invocar a un demonio, simbolizaba el límite que separaba al demonio del mago.

Magnus, Albertus (circa 1206-1280)

Un teólogo que experimentó con la magia y produjo fenómenos extraordinarios. Se decía que podía cambiar las condiciones de la atmósfera, incluso las estaciones, a voluntad. Entre su producción estuvo un androide, un autómata a quien él dotó del habla.

Mago, Simón el

Este hechicero aparece en Hechos capítulo 8. A Simón el mago, cuyo maestro en el ocultismo era Dositeo, se le atribuye según la leyenda el poder de la levitación y de la hipnosis masiva. Él reaparece en el folclore irlandés en asociación con las prácticas druidas, llegando a ser conocido como Simon el druida.

Malleus Maleficarum

Conocido como *El martillo de las brujas*, aquel es el título de un tratado sobre la magia escrito en latín por Heinrich Kramer y Jacob Sprenger, monjes dominicos. Se publicó en el siglo XV, y constituyó la base de la iglesia para investigar y sancionar a los adeptos a la brujería. El libro contiene reglas para la detección de tales adeptos, e implica que Satanás tiene sanciones por su malvada operación.

Malphas

En las regiones infernales Malphas es un archidemonio.

Mamaloi

Maga sacerdotisa asociada con el vudú de las Indias Occidentales.

Mambu

Otro nombre para una Mamaloi.

mandrágora

La *mandragora officinarum*, una planta de la familia de la papa, también es llamada mandrágora. A menudo crece en forma de extremidades humanas. Se utiliza con frecuencia como un ingrediente de pociones de amor. Se mencionan las mandrágoras en Génesis 30:14-15. Puesto que los brebajes de brujas eran hechos con infusiones de mandrágoras, también se le llama "la planta de Circe".

Mara

En la tradición de Islandia Mara es una bruja que, en sus excursiones nocturnas, utilizaba hombres para transportarse en lugar de un caballo o de otro tipo de medio. En el budismo tántrico, según el sagrado *Lalitavistra*, el diablo tiene a su disposición cuatro legiones de criaturas con cuerpos de fuego, las pieles de jabalíes, ciervos, mangostas, carneros, escarabajos, gatos, monos, o lobos. Se representa a Mara como respirando llamas, y derramando una lluvia de latón, hierro fundido o nubes negras.

Mursi

Según Plinio el Viejo, esta antigua tribu itálica era experta en brujería. Los brujos mursi eran especialmente conocidos por curar las mordeduras de serpientes venenosas.

maskim

En demonología caldea, estos siete demonios cósmicos causaron la destrucción universal.

Maestro John

Este nigromante del siglo XIV estuvo implicado en la planificación de la muerte de Eduardo II de Inglaterra por medios ocultistas.

magos de renombre

En la Edad Media, los manuales y otros tipos de tratados sobre las artes del ocultismo adquirieron una elevada reputación y se consideraron auténticos por ser atribuidos a hombres cuyos nombres habían adquirido un poder legendario. Entre tales autores hipotéticos estaban Moisés, Salomón, Zoroastro, Aristóteles, Alejandro Magno, Vergil, San Jerónimo, y Mahoma.

mal de ojo

Un término que solía usarse para indicar el poder mágico hasta el punto de la muerte, que se creía inherente a la mirada de ciertas personas. En la antigua Asiria el mal de ojo se podía exorcizar con hechizos y encantamientos.

mano de gloria

Amputada a un delincuente que había sido colgado en una horca, esa mano era secada y sumergida en diversas sales para ser usada en hechizos.

mathematici

Entre los romanos, los mathematici eran astrólogos y adivinos y clasificados con los caldeos, defensores de la magia negra.

Materno, Julio Fírmico

Este romano del siglo IV escribió un elaborado tratado de ocho libros sobre astrología y magia.

Mather, Cotton (1663-1728)

Un ministro de Boston conocido por su violenta participación en la caza de brujas en Salem, Nueva Inglaterra, en el siglo XVII.

Mathonwy

En la leyenda galesa este gobernante del infierno es también un maestro de brujería.

Medea

Bruja famosa en la mitología griega y romana, que era experta en la tradición herbal, capaz de renovar la juventud y hacer invulnerables a los guerreros. Medea poseía una caja de drogas de efectos mágicos; sus poderes se ilustran muy bien en la leyenda de Jasón y los argonautas.

Megain, Perrenon

Notoria bruja francesa del siglo XVII.

Melampo

Un antiguo griego que escribió dos obras sobre adivinación. Melampo discute la importancia de los lunares en el cuerpo humano como medio de tal adivinación.

membrum virile

Con propósitos apotropaicos, se usaba a menudo un miembro viril de madera contra el mal de ojo.

menat

Amuleto egipcio que posee propiedades mágicas y une los principios masculino y femenino.

Merlín

Un mago medieval que aparece principalmente en el ciclo artúrico de leyendas. Su linaje estaba asociado con los demonios de pesadilla.

metoposcopía

Una técnica ocultista dirigida a la evaluación del carácter y destino de una persona por medio de las líneas de la frente.

México, culto de

En la época precolombina los mexicanos tenían un culto de brujas, cuya reina era representada montada desnuda en un palo de escoba.

mezuzá

Amuleto hebreo que contiene el nombre divino, colocado en las jambas de las casas judías como una protección contra los demonios.

misa de San Secaire

Una oscura misa satánica celebrada en el País Vasco y que se supone que todavía se realiza en Gascuña.

Misa Negra

Esta misa se realiza en honor al diablo en el aquelarre de las brujas y en otras ocasiones.

Mopes

Sociedad secreta alemana que fue fundada sobre las prácticas de magia negra.

mujer lavandera

En la demonología celta este es el espíritu de una mujer que está lavando un sudario, visto después del anochecer. Encontrarla es un signo de la muerte.

myalismo

Un tipo de brujería que se practica en Jamaica e involucra conversaciones con los espíritus de los muertos.

Nabam

Es más conveniente invocar a este demonio el sábado.

Nambroth

Es más conveniente llamar a este demonio el martes.

Narbona

Durante la Edad Media, esta región del sur de Francia fue fértil para las prácticas mágicas.

Natsaw

Brujos, en la demonología birmana.

Nectanebo

Rey egipcio del siglo IV a. C., que fue un reconocido mago, experto en la adivinación, la astrología, la mezcla de pociones, y el lanzamiento de hechizos. Hacía figuras de las flotas enemigas y de sus propios ejércitos, y después de ver sus maniobras en un recipiente con agua del Nilo, en un caso él pronosticó la victoria; en otro caso, eludió el desastre por un escape oportuno.

negro, chamán

Chamán que utiliza su poder con propósitos malos y opera en la más oscura de las artes con el objetivo de matar, robar y destruir.

negro, fuego

Sabiduría absoluta que la mente natural o el hombre natural no puede comprender.

negro, libro

Un libro creado para adorar al demonio en el Kurdistán, también llamado "El libro de los yazidis".

negra, magia

Uso abusivo de los poderes sobrenaturales para el mal o para los deseos egoístas; necromancia, brujería, etc.

negra, misa

Reunión secreta en honor de la adoración satánica.

Nerón

Él se interesó en la magia negra en una ocasión, pero no tuvo éxito, a pesar de haber sido instruido por Tirídates, rey de Armenia, que era mago.

nigromántica, campana

Girardius, un escritor sobre nigromancia del siglo XVIII describió esta campana, que se utilizaba para llamar a los difuntos.

nombre

La esencia de una persona o un objeto descansa en el nombre. El nombre, especialmente entre los pueblos primitivos, tenía una potencia oculta. Por lo tanto, una persona podía tener dos nombres tribales, de los cuales uno solo era conocido públicamente. La revelación del segundo nombre, conocido solo por el portador, le daba a esa persona el poder del brujo tribal. De manera semejante, los antiguos egipcios tenían dos nombres; el primer nombre era conocido públicamente; el segundo, representaba el poder mágico de la persona.

nombre, cambio de

En la Edad Media, una persona enferma solía cambiar de nombre con la intención de eludir y confundir al espíritu responsable de la enfermedad o dolencia.

Nueve ramitas de Woden

Un canto medieval que describía las propiedades mágicas de ciertas hierbas.

Nostradamus (1503-1566)

Nostradamus, cuyo nombre francés era Michel de Notre-Dame, fue un médico, astrólogo y vidente de renombre. En su famosa serie de "Centurias" predijo acontecimientos personales y nacionales que coincidieron asombrosamente con sus pronósticos ocultistas.

notarikon

Un método criptogramático cabalístico por el cual se formaban frases mágicas a partir de palabras, o nuevas palabras a partir de combinaciones místicas de letras.

Noualli

Magos aztecas

nudo

Los nudos están asociados con frecuencia a ritos mágicos. Especialmente en la magia simpática, "atar" y "hacer nudos" eran otros términos para la magia en general. Los nudos—ya sea de hilos multicolores, de tallos de plantas, o pelos de animales—se utilizaban generalmente para eliminar un hechizo, o para curar el dolor de cabeza, la fiebre o la oftalmía. El conocido diseño era común en los talismanes egipcios. Petronio, el novelista romano que floreció en el reinado de Nerón, menciona en su obra *El satiricón* a una bruja que sacó de su seno una red de hilos multicolores trenzados y la envolvió en el cuello de uno de los personajes de la historia para liberarlo de un hechizo.

números

Las culturas antiguas, especialmente los egipcios y los hebreos, creían en las propiedades mágicas y las connotaciones ocultistas de los números. Los números impares se consideraban afortunados; los números pares provocaban ataques demoníacos. El número tres era un número efectivo en conjuros a menudo repetidos tres veces. Del mismo modo siete, nueve—el cuadrado de tres—y los múltiplos de estos números poseían implicaciones místicas.

Nusku (también conocido como Gibal)

Dios babilónico y asirio de la luz y el fuego. La eficacia de las imágenes de cera era destruida en la antigüedad mediante la repetición de este poderoso nombre.

Ob

Este demonio sirio utiliza la ventriloquía para proferir oráculos.

obayifo

Un término Ashanti que significa "bruja, vampiro." La expresión *obi* u *obeah* en la magia de Jamaica se deriva de *obayifo*.

obeah (u obi)

Un culto mágico que prevalece en las Indias Occidentales, especialmente en Jamaica. Es similar al vudú y tiene elementos de ofiolatría, la adoración de serpientes, en sus ritos y prácticas. El uso de cadáveres es uno de las características del obeah, que lo asocia así con la brujería satánica.

obeah, vara de

En Jamaica se trata de un objeto adornado con serpientes entrelazadas o una talla de una cabeza humana. Es utilizada por hombres obeah en operaciones de magia.

odherir

En la mitología nórdica odherir se conoce como un caldero mágico.

Ojo de Horus (véase también Utchat)

Un amuleto egipcio usado en el cuello como protección contra las fuerzas del mal.

ornitomancia

Uso del vuelo de los pájaros para la adivinación.

Oenothea

Apuleyo mencionó a esta sacerdotisa bruja.

on

Una palabra mágica, que se utiliza en las fórmulas de conjuros.

oniroscopia
La interpretación de los sueños. Los antiguos brujos egipcios eran expertos en la inducción de sueños que predicen el futuro.

ooscopía
Adivinación poniendo huevos en el fuego y observando cómo se rompían.

ofitas
Esta antigua sociedad satanista adoraba la constelación de Ofiuco, el serpentario.

ordalía
Método medieval para probar la autenticidad de los hechos, la inocencia de un acusado, la validez de cada juramento, o la capacidad taumatúrgica de una bruja de renombre, exponiendo la persona involucrada a ciertas ordalías, tales como incluían caminar por el fuego, juicio por sangre, juicio por combate, ordalía por agua, ordalía por veneno u ordalía por tortura. Cualquiera que sucumbiera a la prueba era considerado culpable. Por lo tanto, el que era acusado de brujería era, mediante estas pruebas, corroborado como bruja o hechicero.

Ormuz (otro nombre de Ahura Mazda)
En el zoroastrismo es el espíritu divino asociado con la magia blanca.

Ornias
En la leyenda salomónica, un demonio-vampiro. En forma de mujer, tiene relaciones sexuales con hombres.

orniscopia
La adivinación mediante el examen del vuelo de las aves.

Osthanes (u Ostanes)
Durante la invasión de Jerjes a Grecia, se dice que él introdujo la magia entre los griegos.

ouanga

En la tradición vudú es un fetiche, que puede ser un hueso, una aguja, piel de animal o pluma.

Oupnekhat

Un manual sánscrito de rituales mágicos que fue traducido al persa y después al latín, en 1802.

pacto con el diablo

Para llamar a un espíritu maligno, un mago realiza ciertos ritos rígidamente prescritos. Una manera de hacer un pacto con el diablo era cortar una rama de avellano silvestre, que aun no hubiera dado fruto, con un nuevo cuchillo, mientras el sol se elevaba sobre el horizonte. Con una piedra de sangre y dos velas de cera en la mano, el brujo buscaba un lugar aislado, como un castillo en ruinas o una casa abandonada. El mago utilizaba la piedra de sangre para trazar un triángulo en el suelo y dejaba la vela al lado de la figura. En la base del triángulo el mago escribía las letras I H S, flanqueadas por dos cruces. Alrededor del triángulo se circunscribía un círculo. De pie en el triángulo y con la rama de avellano, el mago invocaba al espíritu con un llamamiento que contenía un conjuro.

Pánfilo

Galen, un escritor médico del siglo II d. C., mencionó a este brujo caldeo.

Papaloi

En las Indias Occidentales se trata de un brujo sacerdote relacionado con el vudú.

Paracelso (circa 1490-1541)

Teofrasto Bombast von Honhenheim, conocido como Paracelso, fue un médico alemán, astrólogo y mago que usaba métodos que no eran muy ortodoxos. Él estaba interesado en temas del ocultismo, la pronosticación y la alquimia como medio hacia la perfección humana. Escribió acerca de ninfas, silfos, pigmeos, y salamandras, y mezcló lo que aprendió de sus estudios místicos con el folclore básico de su tierra natal. Conocido por su espejo mágico, usado en la adivinación de acontecimientos futuros, Paracelso dio instrucciones específicas para que se hiciera el espejo.

Pawang
En Malaya un brujo benéfico que ayudaba en la producción de las cosechas, en localizar vetas mineral, y en la pesca.

Pazuzu
En demonología babilónica Pazuzu era el hijo de Hanpa, rey de los malos espíritus del aire.

perlas
Como se creía que tenían propiedades ocultas, las perlas fueron utilizadas como amuletos en los tiempos antiguos.

pelesit
En Malaya, un espíritu familiar. Para protegerse de un pelesit había que exhumar el cuerpo de un niño primogénito.

pentáculo
En la Edad Media se usaba esta figura de cinco puntas como una señal en la puerta para repeler la brujería. En las ilustraciones de aparatos mágicos en los grimorios y otros tratados de ocultismo, el pentáculo es un diseño que contiene símbolos mágicos utilizados en la adivinación y el conjuro de espíritus.

pentagrama
Llamado el *Escudo de Salomón*, es una figura geométrica de cinco puntas utilizada para exorcizar espíritus.

pentalfa
Usado en ritos mágicos, este diseño se forma al entrelazar cinco aes mayúsculas.

perros
Los demonios a menudo asumen la forma de un perro.

pesadilla

Las pesadillas eran consideradas como visitas de apariciones malignas en la Edad Media. Pero ya en el siglo II de nuestra era, el médico Sorano de Éfeso investigó el fenómeno y llegó a la conclusión de que las pesadillas eran causadas por condiciones médicofisiológicas. Esos espíritus de pesadilla era llamados *ephialtes* por los griegos. En la Edad Media eran conocidos como súcubos e íncubos. En Alemania el término era *der Würger*, "el estrangulador". Los rusos lo conocían como *kikimara* y los franceses como *cauchemar*. En Suiza, el nombre se convirtió en *chauchevielle*.

peste

En el siglo XVI, los brotes de peste fueron atribuidos a brujas, en colaboración con Satanás. En Ginebra y en otras ciudades de Suiza, bajo el patrocinio de las autoridades calvinistas, la condena y ejecución de mujeres acusadas de tales actividades alcanzó notables dimensiones.

Petosiris (también llamada la "Rueda de Beda")

Instrumento utilizado en pronósticos astrológicos.

pez

Los peces eran ofrendas habituales a los demonios y a otros poderes infernales. Un salmonete era un sacrificio frecuente a Hécate. Dagón era llamado el dios pez. Ichthys es otro nombre para pez. Al diablo le gusta falsificar o burlarse de las cosas de Dios. Jesús dijo que Él nos haría pescadores de hombres.

piedra de Kneller

Una piedra de Aberdeenshire, Escocia, está inscrita con símbolos mágicos druidas.

piedras brujas

Llamadas así en Inglaterra y conocida como "marestones" en Escocia, las piedras brujas tenían agujeros naturales y se usaban como amuletos para alejar pesadillas.

Pitia

En la antigua Grecia, se conocía como Pitia a una sacerdotisa que actuaba como médium mántica para la emisión de los oráculos de los dioses. Mientras estaba en un trance, después de beber sangre, o ser dominada por el humo del incienso, ella hacía sus profecías ambivalentes.

Platón

Platón censura a los brujos que son contratados para practicar hechizos, hacer figuras de cera, y realizar otras técnicas mágicas con la intención de ser destructivo.

Plinio el Viejo

En el primer siglo, este autor romano publicó su enciclopedia *Historia Natural,* una rica fuente de información sobre la antigua magia. Plinio el Viejo define la magia como una habilidad engañosa pero potente, que extrae elementos de la medicina, la religión y la astrología.

pluma

Una pluma era símbolo de la verdad en la magia egipcia.

polong

En demonología Malaya, se denomina polong a un familiar.

póntica

Una piedra con marcas como gotas de sangre. Puede obligar a los demonios a responder preguntas, y también a irse.

posesión

El proceso, acto o estado de un ser humano habitado y controlado por espíritus demoníacos. Muchas referencias bíblicas enseñan sobre posesión demoníaca, pero Mateo 12:43-45 es un fundamento para el tema. Describe el proceso bíblico y el estado de una persona que está poseída.

presagios

Signos y portentos que pronostican el futuro. Tales presagios, leídos e interpretados de acuerdo con un código mágico, que abarca condiciones corporales, fenómenos naturales, la vida animal, echar suertes, examen minucioso de la mano o del rostro, la lectura de la Biblia, interpretación de la forma de una gota de cera derretida o aceite, o mirar en una superficie pulida, un espejo, agua, o un cristal.

presagios, vara de

Varas que, por su posición al caer al suelo, ayudaban a los druidas en la adivinación, también llamadas *barras de adivinación*. Por ejemplo, en la religión yoruba, la vara es llamada *vara de Ogun Ogun*. Esto es también una burla a la Biblia debido al poder en el que caminaba Moisés cuando usaba su vara.

profecía

Los egipcios creían que las visiones proféticas eran inducidas por una preparación de cáñamo llamado *assis*, y también por la belladona. En la India las semillas de Datura stramonium producían los mismos efectos.

Psellus, Michael

Un erudito bizantino del siglo XI que escribió *On the Operation of Demons* (Sobre la operación de los demonios).

Pseudomonarchia Daemonum

Un catálogo de sesenta demonios y sus funciones, publicado en latín por Wierus en 1563.

pulgar del conocimiento

Un brujo celta que quería visión sobrenatural realizaba este gesto ocultista que consistía en presionar el pulgar sobre un diente.

quirin (quirim)

También llamada "piedra de los traidores", esta piedra mágica se encuentra en el nido de las avefrías. Cuando se coloca en la cabeza de una persona que duerme, induce a la persona a pronunciar sus pensamientos más íntimos.

Ralaratri
En la mitología hindú se conoce a Ralaratri como bruja y vampiro.

rama de plata
En la leyenda celta esta rama fue cortada de un místico manzano y produjo una melodía mágica irresistible que servía de talismán para entrar a la Tierra de los Dioses.

Ramirat
En la tradición hebraica Ramirat es conocido como el príncipe de los genios.

representaciones pictóricas
Artistas, escultores y grabadores de la Edad Media, del Renacimiento, y en fecha tan tardía como el siglo XVIII, representaban en piedra o lienzo, en estampas y grabados, los característicos rasgos y escenas asociados con brujería.

A su manera, cada artista era enseñado en el aparato de hechicería, por lo tanto, los lienzos, las tablas y las metopas decorativas abundan en episodios que muestran brujas preparando pociones de brebajes secretos, demonios ayudantes en forma animal, tenue luz de vela contra horizontes demoníacos, calderos llenos de potentes ingredientes, brujos inmersos en libros de magia.

restauración de la virilidad
Esta práctica, común entre todos los pueblos, es descrita por el novelista romano Petronio en relación con operaciones de una vieja bruja, en *El satiricón*, capítulo 131.

Ripley, George
Alquimista y ocultista inglés del siglo XV que al parecer transformaba metal común en oro.

rombo
Entre los griegos este instrumento mágico es utilizado para echar suertes y otras prácticas ocultistas.

Sabellicus, Georgius

Un famoso brujo y nigromante del siglo XV.

sacerdote de Sekhmet

En el antiguo Egipto, un poderoso sacerdote mago.

Sagana

El poeta Horacio mencionó a esta bruja romana como una asociada de la bruja Canidia.

Saint-Germain

El conde de Saint-Germain fue un hombre misterioso del siglo XVIII. Unido a la corte de Luis XV de Francia, se movía en los círculos cortesanos. Afirmaba que tenía dos mil años de edad y podía recordar vívidamente acontecimientos históricos remotos. Fue conocido por hablar y escribir una docena de lenguas occidentales y orientales. Era un maestro de la alquimia y la transmutación de metales, podía hacerse invisible, e incluso mantuvo correspondencia con la nobleza francesa después de su muerte.

Sakra El-Marid

Según los demógrafos árabes, el rey Salomón encadenó a este demonio al Monte Dubavend.

salagrama

En la mitología hindú, esta piedra tiene propiedades mágicas y era usado como un amuleto.

Salmón del Conocimiento

Eo Feasa en la magia celta era el Salmón del Conocimiento, la presciencia conferida cuando se colocaba un dedo pulgar sobre el pez. El pulgar escaldado se colocaba en la boca de los oficiantes.

sam

Un amuleto egipcio con forma fálica usado para atraer relaciones eróticas.

Sammonicus, Quinto Sereno

Médico romano del siglo III que mezclaba características mágicas con la práctica médica.

sanaves

Amuletos usados por las mujeres de Madagascar. Piezas de madera aromática envueltas en tela, que se suspenden del cuello o las muñecas y se utilizan como protección contra los brujos.

Sasa

Sasa era conocido como la sombra. En la tradición jamaiquina Sasa es un espíritu invisible de hombre o bestia que causa el mal de los vivos.

Satanás (véase también Lucifer)

El príncipe de las tinieblas o el diablo; el poder gobernante de toda actividad demoníaca en el mundo de hoy. El enemigo de Dios.

satánicos, nombres

El apéndice contiene una lista de los nombres bíblicos de Satanás con el origen de sus significados y referencias bíblicas.

satanismo

La creencia ocultista en la adoración del diablo como suprema autoridad de toda la creación.

Satanás, Misal Negro de

Un libro de oraciones satánicas utilizado en la misa negra.

Schemhamphoras

Los setenta y dos nombres místicos divinos o ángelicos discutidos en la cábala.

Schröpfer, Johann Georg (1730-1774)

Este nigromante alemán era muy conocido en Leipzig y en toda Alemania. Johann practicó la brujería contra su enemigos e hizo muchos discípulos. Pero él se suicidó.

Scot, Michael (circa 1175-1232)

Scot, mago escocés que fue astrólogo en la corte del emperador Federico II, escribió numerosos libros sobre el ocultismo, describiendo con sumo detalle actividades mágicas que van desde la nigromancia y los hechizos hasta la alquimia, la adivinación y la interpretación de los sueños. A pesar de su negativa, se le atribuyó poder mágico. Eran comunes muchas leyendas acerca de sus habilidades en la hechicería y las increíble hazañas realizadas mediante sus poderes ocultistas.

sello de la serpiente

Una piedra supuestamente tomada de la cabeza de una serpiente y usada como un amuleto amoroso entre musulmanes.

semothees

Semothees es otro nombre para los druidas.

Sena

Sena es una isla de la costa de Bretaña habitada, según el geógrafo romano Pomponio Mela, por nueve mujeres, llamado Gallicenae. Estas mujeres practicaban artes ocultas y podían levantar tormentas y vientos y transformarse en formas animales.

Set

Un malvado demonio egipcio.

Setnau Kha-Em-Uast

Un antiguo príncipe egipcio experto en la sabiduría tradicional de la magia.

shedim

Un término talmúdico para los demonios que se consideraba que habían sido creados por Dios.

Sibly, Ebenezer

Este médico inglés escribió el voluminoso *New and Complete Illustration of the Occult Sciences* (Nueva y completa ilustración de las ciencias ocultas) en 1790. En él confirma su creencia en los demonios y las fuerzas ocultas.

sihr

El término para brujería en Irán.

Sinclair, George (1654-1696)

Profesor escocés de filosofía y matemáticas que escribió *Satan's Invisible World Discovered* (El mundo invisible de Satanás revelado), un libro sobre brujería.

Salomon, Apocriphal Tales ("Salomón, cuentos apócrifos")

Durante más de dos mil de años, una gran colección de cuentos apócrifos ha crecido en torno a la personalidad y a los logros de este singular rey.

Una figura mística y universal que aparece en la literatura oriental y occidental, el folklore y las leyendas, muchas de las cuales residen en los poderes ocultos del monarca. Según la leyenda abisinia, Salomón, una vez capturado por herreros demoníacos, se salvó repitiendo tres veces el término mágico: *Lofaham*. En otra ocasión, cuando los demonios vinieron a sacar los corazones de los hombres, Salomón repitió tres veces el conjuro: "Lofaham, Salomón, Iyouel, Iyosenaoui".

Se le atribuye, entre otras actividades, haber escrito numerosos libros de magia, entre ellos *La clave de Salomón*, explicando métodos de invocación y dominio de demonios. En *Antigüedades de los judíos* el historiador Josefo se refiere a la habilidad de Salomón a este respecto. En todas sus relaciones, de hecho, Salomón contó con la ayuda de los espíritus: usando la alfombra mágica que lo llevaba a él y a sus ejércitos por aire, y en la construcción del templo.

Salomón, anillo de

El rey Salomón poseía un anillo incrustado con piedras que tenían propiedades mágicas; le daba dominio sobre el mundo de los espíritus.

Salomón, espejo de

Esta placa pulida se usaba en ceremonias mágicas.

Salomón, lámpara de

Con esta lámpara el rey Salomón podía mandar a los espíritus del infierno. La lámpara de Aladino, que aparece en los cuentos árabes, es un tipo similar.

Salomón, Testamento de

Hay un tratado de forma autobiográfica basado en fuentes del Antiguo Testamento que describe los poderes mágicos del rey Salomón y su construcción del templo con la ayuda de demonios. Contiene descripciones detalladas y los nombres y funciones de los seres demoníacos y sus asombrosas profecías.

sanguinaria

Piedra mágica que supuestamente daba a su portador el poder de que se cumplieran sus deseos.

sangre de dragón

Se creía que tomar un baño de sangre de dragón restauraba la vida o hacía invulnerable a la persona.

sangre, pacto de

Contrato con Satanás firmado con la sangre de uno mismo.

sapo

En el simbolismo mágico, el sapo fue considerado un reptil venenoso. Se utilizaba un sapo en el ritual del aquelarre.

sueños

En la magia se cree que los sueños son de origen sobrenatural, que aparecen en forma de visitaciones de demonios, espíritus de los muertos y, a veces, agentes benéficos. En la Biblia hay muchos ejemplos dados por Dios. Uno debe ser hábil intérprete para predecir el futuro, como en el caso de José en la corte del Faraón. Los sueños que predicen el futuro aparecen en toda la literatura bíblica, como en los siguientes casos: Génesis 20:3, 31:24; 37:5; Números 12:6; 1 Reyes 3:5 y Job 33:15.

srei ap

En demonología camboyana se conoce a los *srei ap* como demonios.

súcubo

Una leyenda medieval transmitida por medio del folclore. Es un demonio femenino o entidad sobrenatural que viene a los hombres en forma de pesadilla. Ese espíritu suele tener relaciones sexuales con los hombres en sus sueños, en forma de otras personas. El súcubo es un espíritu seductor y es la contraparte femenina del íncubo, que seduce a las mujeres. Ambos producen lo que se llama *sueños húmedos*.

sukias

En la demonología de América Central, se conoce como sukias a los brujos.

swawmx

En demonología birmana, se conoce como swawmx a los vampiros.

Tableta esmeralda

Una tableta que se cree que fue encontrada por Alejandro Magno en la tumba de Hermes. Supuestamente hecha por Hermes, en la que revelaba la esencia de la magia.

tabúes

Tabúes mágicos y prohibiciones, llamados *gea*, son frecuentes en la leyenda gaélica. El tabú es el resultado de un hechizo lanzado mediante encantamientos rítmicos por voluntad de un brujo. El tabú conocido como *fith-fath* producía invisibilidad y transformación de humano a forma animal. La creencia en tales hechizos todavía persiste en algunas remotas Islas Hébridas.

tadibe

En Siberia esto es un mago.

taghairm

En demonología celta, taghairm es la adivinación por evocación de espíritus. Envuelto en la piel de un toro recién sacrificado, el vidente esperaba a los espíritus cerca de una cascada o precipicio.

talismán

Lo mismo que un amuleto.

talismán

En el Egipto predinástico a menudo se hacían talismanes o amuletos de esquisto verde y se les inscribían palabras mágicas de poder.

tambor

En Laponia los magos invocaban a sus familiares por medio del sonar rítmico de un tambor.

tarn

Fórmulas de exorcismo utilizadas por los Kalmuks. Las tarn estaban escritas en pergamino y se colgaban al cuello de una persona enferma; se creía que el talismán alejaba el mal.

taumaturgia

La práctica de "realizar prodigios", brujería, magia.

Tchatcha-em-ankh

Sacerdote mago egipcio del siglo IV a. C. Usando hechizos mágicos, Tchatcha-em-ankh controlaba las aguas de un lago.

tentador, polvo

En obeah jamaiquino el polvo tentador es una poción de amor. Otra poción mágica se llama "Aceite-ven-a-mí".

temurá

Método cabalístico por permutaciones y combinaciones al descodificar los significados cifrados en el Antiguo Testamento.

terafín

Entre los antiguos sirios, se conoce como terafines a los dioses o ídolos del hogar que emiten verdades oraculares. Terafín también fue utilizado por los israelitas.

Teta

Un antiguo taumaturgo egipcio del siglo IV a. C.

tetragrammaton

La palabra más efectiva en las actuaciones mágicas era el Tetragrammaton, el término cabalístico para el nombre de Dios de cuatro letras. Este término implicaba combinaciones místicas de letras y de atributos que tenían nombres con numerosas letras, algunos formados por setenta y dos elementos.

Tezcatlipoca

Antigua deidad demoníaca mexicana, dios del infierno. Tezcatlipoca es conocido también como Yaotzin, el Enemigo. Él era objeto de la adoración de los brujos mexicanos en su aquelarre.

Theodoris de Lemnos

Antigua bruja griega mencionada por el orador Demóstenes en el siglo IV a. C., por haber sido condenada a muerte por sus encantamientos. Heródoto, el historiador, declara que Lemnos tenía reputación por la brujería.

Tesalia

Distrito del norte de Grecia, famosa en la antigüedad por su brujería. Magos, nigromantes y todos los adeptos a las artes negras eran considerados ya sea como provenientes de Tesalia o habiendo sido entrenados allí. El dramaturgo griego Sófocles y el escritor cómico Menandro se refieren a los poderes de los brujos de Tesalia. Entre los romanos, los poetas Virgilio, Ovidio y Lucano describen a Tesalia como la fuente de la brujería. En el siglo II d. C. Apuleyo mismo, tenido como hechicero, produjo una novela fantástica—*Metamorfosis*—, repleta de escenas de transformaciones mágicas y extrañas.

Thöck

Antigua bruja nórdica.

Trimegisto, Hermes

Un nombre del dios egipcio Tot, maestro del conocimiento alquímico. Se dice que él fue el creador del tratado sobre magia, alquimia y astrología.

Tracia

Un distrito de Grecia que, como Tesalia, era notorio por la brujería.

Tuerce-cuellos

Según la leyenda hebrea, este demonio ataca a los niños.

tii

En demonología polinesia, se conoce como tii a un vampiro.

Tomga

Un familiar esquimal.

Tonalamatl

Este antiguo *Libro del destino* mexicano contiene recetas mágicas y rituales para apaciguar a los demonios.

Torre de las brujas, La (ver también Lindheim)

Una torre situada en Lindheim, Alemania, que en la Edad Media era un lugar de encuentro de brujas que querían conjurar demonios.

triskelion

Un símbolo con tres piernas dobladas por las rodillas y unidas al muslo, utilizado como amuleto para alejar el mal de ojo.

El triskelion se encuentra en antiguas monedas mediterráneas del siglo V a. C.

Trithemius, Johannes (1462-1516)

Johannes Trithemius fue un abad alemán de Würzburg, amigo de Agripa von Nettesheim. Trithemius fue un prominente erudito, y escribió sobre magia y alquimia. Había una leyenda de que él exorcizó a la difunta María de Borgoña, esposa del emperador Maximiliano. Dudando del posible castigo como consecuencia de publicar obras sobre magia, escribió en latín en lenguaje simbólico, solamente reconocible por iniciados.

Tuatha Dé Danann

En la leyenda irlandesa, es una tribu de antiguos dioses subterráneos. Significa "el pueblo de la diosa Danu"; los Tuatha Dé Danann eran magos, expertos en runas y hechizos.

tunisa

En demonología birmana, se conoce como tunisa a videntes, adivinos.

turifumi

Predicciones sobre el futuro usando el humo de incienso.

Tututash

En demonología iraní, Tututash es un hechicero, rey de los djinn judíos.

ushabti

En el antiguo Egipto se trata de una figurilla que era sepultada con el muerto.

usurtu

En la demonología caldea, usurtu representa un muro de protección contra la maldad demoníaca, hecho por aspersión de cal y harina. Esto corresponde al círculo mágico.

Utchat (véase también el Ojo de Horus)

Nombre egipcio para el amuleto que también se conoce como el Ojo de Horus.

Uther Pendragon

Brujo que aparece en la leyenda galesa.

vampiro

Fantasma o, a veces un ser humano que chupa sangre humana. Usualmente los vampiros están asociados, principal pero no exclusivamente, con el folclore europeo. En los países eslavos se creía que un niño que nacía con un diente se convertiría en un vampiro. En Polonia se llamaban *Upirs*. En Grecia se los sigue conociendo como *Brucolacas*.

vara de voladura
Vara de truenos.

vara de volar
Usada por los magos para someter a los espíritus.

varilla atronadora
Varita mágica perteneciente a un hechicero.

Veleda
Mencionada por el historiador romano Tácito, Veleda es una sacerdotisa adivina de la antigua Galia y Alemania.

Vercan
Poderoso demonio que es invocado en conjuros.

Verdelet
Demonio que era responsable de transportar a las brujas al aquelarre.

vervain
También conocida como verbena, esta planta se utiliza en ungüento de brujas. Se creía que eso las hacía invisibles.

videntes
Esta antigua rama de adivinación consistía realmente en vender destinos preparados. También se vendían sueños que implicaban el futuro personal. Durante el segundo siglo de nuestra era, se creía que el famoso camino romano, la Vía Apia, estaba plagado de adivinos judíos que vendían sueños a tarifas reducidas.

viedma
En Rusia, esta es la palabra para bruja.

von Nettesheim, Henrich Cornelius Agrippa (1486-1535)
Henrich Cornelius Agrippa von Nettesheim fue una de las personalidades más dominantes en el campo del ocultismo de

su tiempo. Escribió *The Occult Philosophy* ("La filosofía oculta"), una defensa de la magia. Hizo hincapié en la importancia de la religión como una ayuda en la magia, pero para él, la religión era una mezcla de elementos cristianos, teoría neoplatónica y misticismo cabalístico.

vudú (vuduismo)
Práctica de los ritos mágicos predominantes en las Indias Occidentales, en particular en Haití. Originado en la ofiolatría y transmitido desde los cultos ashanti africanos, el vudú se caracteriza por ritmos de danza erótica y simbólica, acompañados por los correspondientes tamborileos. Los cantos y los sacrificios de gallinas y cabras son otras características. Todavía se practica en regiones remotas de Haití. Incluso en la primera década de este siglo involucraba la ofiolatría (el culto a las serpientes), los sacrificios humanos, y la antropofagia (canibalismo).

wanga
En Haití, se conoce como wanga a la magia. También implica, como ocurre a menudo con la magia, la medicina empírica.

Weishaupt, Adam
Brujo del siglo XVIII.

Wierus (1516-1588)
Wierus, cuyo nombre original era Johann Weyer, fue alumno de Agripa. Wierus escribió *De Praestigiis Daemonum et incantantionibus ac veneficiis*, que proporcionó información sobre las actividades de demonios, conjuros y hechicerías.

yatu
En el zoroastrismo, conocido como brujo.

yegua
Demonio que impide que los hombres sean capaces de hablar durante el sueño; además provoca pesadillas.

Zabulón
Conocido como un demonio del reino infernal

Zahed, Eliphas Lévi (circa 1810 a 1870, ver también Constant, Alphonse Louis)

Este ocultista francés, cuyo verdadero nombre era Alphonse Louis Constant, era hijo de un zapatero y fue educado para el sacerdocio. Sin embargo, fue expulsado por sus opiniones. Se casó con una hermosa jovencita, pero ella lo dejó. Se dedicó al ocultismo y discipulaba individuos instruyéndolos en el esoterismo.

Zapan

Este demonio oficia en las regiones infernales.

Zaratustra

También llamado *Zoroastro*, este antiguo mago vino de China.

Zekerboni

Este famoso grimorio del siglo XVII, escrito por Pietro Mora, detalla prescripciones para ensalmos, encantamientos, hechizos y principalmente conjuros.

Zlata Ulicka

Conocida como "la calle de Oro", esta famosa calzada medieval de Praga fue el sitio predilecto de los alquimistas y el lugar de ubicación de sus laboratorios.

Zlito

Este brujo del siglo XIV era famoso en la corte de Wenceslao de Bohemia.

zlokobinca

Palabra eslava para bruja.

zombi

Asociado con el vudú haitiano, un zombi es un ser humano cuya alma ha sido extraída por un mago. Después del entierro los cuerpos son exhumados y se les da una apariencia de vida. Un zombi puede participar en actividades de la gente común, pero bajo ciertas condiciones, es forzado a regresar a su tumba.

Capítulo 6
Tipos de adivinación: *mancias*

EL TÉRMINO *ADIVINACIÓN* indica el uso de medios, artes o prácticas ocultos, esotéricos o espiritistas para obtener conocimiento de lo desconocido o del futuro. El sufijo *mancia* significa "adivinación".

En la Biblia hay una referencia a la adivinación en Hechos 16: "Aconteció que mientras íbamos a la oración, nos salió al encuentro una muchacha que tenía espíritu de adivinación, la cual daba gran ganancia a sus amos, adivinando" (v. 16). En esta referencia, la palabra griega para "espíritu de adivinación" es *pudsó*, que se relaciona con la palabra castellana *pitón*.

TÉRMINOS DE ADIVINACIÓN

aeromancia

Adivinación mediante la observación de las condiciones atmosféricas u ondas sobre la superficie del agua.

alectomancia

Uso de un gallo para picotear granos que han sido ubicados sobre letras del alfabeto. Thornton Wilder incluyó una vívida descripción de esta práctica en *The Ides of March* (Los idus de marzo).

aleuromancia

Adivinación usando harina; en bolas de pasta se incluyen mensajes y predicciones del futuro. Los chinos continúan involucrándose en esta práctica.

alomancia
Adivinación por medio de la sal.

alfitomancia
A semejanza de la aleuromancia, se usaban tortas de trigo y cebada en una suerte de ordalía. Si una persona no podía digerir las tortas, era culpable y consecuentemente se la condenaba.

amniomancia
Adivinación mediante la observación del saco embrionario sobre la cabeza de un niño cuando nace.

antropomancia
Adivinación consultando los intestinos de niños sacrificados. Del emperador Juliano el Apóstata, que practicaba la necromancia, se decía que había usado este método.

apantomancia
Adivinación usando objetos que aparecen casualmente.

aritmancia
Adivinación de la suerte mediante números, especialmente el número de letras de los nombres.

armomancia
Adivinación practicada observando la espalda de un animal que va a ser sacrificado.

aspidomancia
Adivinación sentando a alguien en un escudo ubicado dentro de un círculo mágico. A través de repetidos conjuros, el practicante cae en un trance y pronunciación revelaciones mánticas.

astragalomancia
Predecir el futuro mediante dados marcados con letras. Originalmente los dados eran tabas u otros huesos pequeños de cuadrúpedos.

astromancia
Adivinación por medio de las estrellas (no es sinónimo de astrología).

austromancia
Uso de los vientos como fuentes de datos para predecir el futuro.

axinomancia
Adivinación usando un hacha.

belomancia
Adivinación por el uso de flechas.

bibliomancia
Adivinación mediante la consulta de los capítulos o líneas de un libro, en particular la Biblia, seleccionados al azar.

botanomancia
Adivinación por medio de plantas y hierbas

brizomancia
Adivinación por la inspiración de brizo, una diosa del sueño.

capnomancia
Adivinación basada en el humo que se elevaba de un altar u hoguera, considerado un signo adivinatorio.

cartomancia
Adivinación mediante el uso de cartas.

catoptromancia
Un antiguo método griego de adivinación mediante la observación de imágenes reflejadas en un espejo suspendido sobre una fuente. Esta técnica fue conocida por los antiguos, y es mencionado por Apuleyo, Pausanias el griego, viajeros y San Agustín. Los dyaks de Borneo y los incas practicaban este método.

causimomancia
Adivinación por medio del fuego. era una buena señal cuando los objetos echado en el fuego no quema.

cefalomancia
Adivinación usando la cabeza de un asno.

ceromancia

Predecir el futuro mediante la interpretación de las formas y posiciones asumidas por fusión de la cera caída sobre una superficie.

caomancia

Adivinación mediante la observación e interpretación de aspectos atmosféricos.

quiromancia

Evaluación de las líneas de la mano de una persona para interpretar su carácter y su destino.

cledonomancia

Adivinación mediante la observación de enunciados pronunciados al azar.

cleromancia

Adivinación mediante el estudio de figuras formadas por porciones de fundición o guijarros arrojados sobre una superficie plana.

cleidomancia

Adivinación con el uso de llaves.

clidomancia

Adivinación mediante el uso de la Biblia y una llave colgando, interpretando el movimiento de la llave.

coscinomancia

Adivinación por medio de tamices.

critomancia

Un antiguo método de adivinación mediante la observación de la pasta de pasteles y la harina de cebada rociada sobre las víctimas de un sacrificio.

cromniomancia

Adivinación por medio de cebollas colocadas en el altar el día de Navidad.

cubomancia
Adivinación por dados o dedales. Esta fue una antigua técnica griega. También se practicaba entre los romanos.

dactiliomancia
Un antiguo método de adivinación usando un anillo.

dafnomancia
Adivinación mediante la observación de cómo se quema y crepita en una fogata una rama de laurel.

egromancia (también lecanomancia)
Adivinación mediante la observación de la superficie de un líquido.

empiromancia
Adivinación mediante la observación de objetos colocados sobre una hoguera de sacrificio.

gastromancia
Adivinación por medio de la mirada en un vaso lleno de agua, o adivinación por medio de sonidos de ventriloquismo.

geomancia
Método de adivinación del futuro mediante el examen de puñados de tierra.

giromancia
Adivinación por caminar alrededor de un círculo de tiza, observando la posición del cuerpo en relación con el círculo. También se conoce como la espiral del círculo sagrado. Esta espiral puede girar a la izquierda o a la derecha dependiendo de si el usuario quiere llevar personalmente una brujería o enviarla lejos.

halomancia
Adivinación interpretando el significado de las formas adoptadas por la sal arrojada sobre una superficie plana.

hipomancia
Adivinación mediante la observación de la velocidad de un caballo.

hidromancia
Descubrir objetos ocultos mirando la superficie del agua.

iatromancia
Respecto a una probable curación, esto es adivinación por medio de incubación.

ictiomancia
Adivinación mediante la inspección de las entrañas de los peces.

lampadomancia
Adivinación usando la llama de una lámpara para presagios.

lecanomancia
Adivinación tirando objetos a un recipiente lleno de agua e interpretando la imagen de dicho objeto en el agua o el sonido de su caída.

libanomancia
Adivinación por medio del humo de incienso.

litomancia
Adivinación mediante la observación de piedras preciosas.

margaritomancia
Adivinación mediante la interpretación de la posición de perlas que han sido lanzadas sobre una superficie plana.

molibdomancia
Adivinación mediante la interpretación de las formas de gotas de plomo fundido sobre una superficie plana.

miomancia
Adivinación mediante la observación del comportamiento de ratas o ratones.

nigromancia

Invocación a los espíritus de los muertos; la ley de Moisés prohíbe esto. Saúl utilizó este método con la ayuda de la bruja de Endor. Se creía que los espíritus podían ser exorcizados solo durante el primer año de su muerte. El espíritu puede ser cuestionado mediante un directo desafío por su nombre o indirectamente a través del cráneo. Entre los romanos, los nigromantes de Etruria, un distrito de Italia occidental, eran especialmente bien conocido por su poder nigromante. La nigromancia es un tipo muy peligroso de adivinación. Sus poderes se manifiestan con cualquier tipo de comunicación intencional con el muerto. Jesús dijo: Deja que los muertos entierren a los muertos (Mateo 8:22, Lucas 9:60). Aunque amamos a nuestros seres queridos que han muerto, no podemos buscar comunicación con ellos.

neciomancia

Adivinación examinando el sistema nervioso de un cadáver.

nefelomancia

Adivinación usando las nubes como signos adivinatorios.

oenomancia

Adivinación mediante la interpretación de la apariencia del vino.

oinomancia

Adivinación por medio del vino.

ololigmancia

Adivinación por el aullido de los perros.

omoplatoscopia

Adivinación mediante la observación de la escápula de un animal sacrificado que se calienta sobre el fuego. Esto también se conoce como escapulimancia.

onfalomancia

Adivinación mediante el cordón umbilical.

oniromancia
Adivinación utilizando en el estudio de los sueños y su interpretación.

onomancia
Predecir el futuro mediante la interpretación de las letras del nombre de una persona.

onicomancia
Adivinación mediante la observación de las uñas expuestas a la luz solar.

oomancia (véase también ovomancia)
Adivinación por el uso de los huevos; también llamada ooscopía u ovomancia.

ofiomancia
Adivinación mediante la observación de las serpientes.

ornitomancia
Sinónimo de orniscopía. Adivinación por medio del vuelo de las aves.

ovomancia (véase también oomancia)
Adivinación por medio de huevos.

pegomancia
Adivinación mediante el agua de una fuente para la adivinación en relación a presagios.

petcimancia
Adivinación por medio del cepillado de ropa.

filorodomancia
Un antiguo método griego de adivinación por hojas de rosa.

psicomancia
Adivinación por la convocatoria a los muertos. Esta era una práctica común en la antigua Grecia.

piromancia
Adivinación por medio del fuego.

rabdomancia
El arte de descubrir objetos ocultos con la ayuda de una varilla o rama (adivinación por varilla). La referencia a dicha barra aparece en el Salmo 125:3 y Oseas 4:12. La varita mágica todavía se usa para encontrar agua subterránea y agua mineral.

rapsodomancia
Un método de adivinación abriendo al azar la obra de un poeta y leyendo el primer verso presentado.

sciomancia
Adivinación observando sombras o comunicándose con sombras de los muertos.

sideromancia
Adivinación mediante la observación de paja tirada en un hierro caliente.

sortilegio
Adivinación por diversos medios. Esto incluye rabdomancia, belomancia, y procedimientos similares.

spodomancia
Adivinación mediante el examen de las cenizas de los sacrificios destinados a presagios.

spudomancia
Adivinación mediante el examen de las cenizas de los fuegos de sacrificios.

sticomancia
Adivinación abriendo un libro al azar e interpretando las primeras palabras leídas.

stolisomancia
Adivinación con el uso de ropa de cierta manera. Por ejemplo: Usar camisas al revés en una audiencia judicial para influir en el veredicto.

tefromancia
Adivinación escribiendo en cenizas.

teomancia

Adivinación por oráculos que se cree divinamente inspirada. Se dice que está relacionada con la majestad de Dios y el dominio del inspirado ser humano.

tiromancia

Un método alternativo de adivinación mediante la observación de queso.

xilomancia

Adivinación utilizando para la interpretación la posición o formas de ramitas u otros tipos de madera encontrados en el suelo.

Apéndice

Nombres bíblicos del demonio

Nombre bíblico	Raíz/Significado	Referencia
Abadón	Hebreo: Destructor	Apocalipsis 9:11
Acusador de nuestros hermanos		Apocalipsis 12:10
Adversario	Oponente; persona contraria a uno	1 Pedro 5:8
Ángel del abismo		Apocalipsis 9:11
Anticristo	Que se opone a Cristo	1 Juan 4:3
Apolión	Griego: destructor	Apocalipsis 9:11
Asesino		Juan 8:44
Beelzebú	Dios de las moscas, dios del estiércol	Mateo 12:24; Marcos 3:22; Lucas 11:15
Belial		2 Corintios 6:15
Diablo	Falso acusador, diablo, calumniador	Mateo 4:1; Lucas 4:2, 6; Apocalipsis 20:2
Dios de este mundo		2 Corintios 4:4
Enemigo		Mateo 13:39
Espíritu malo		1 Samuel 16:14
Gobernador de las tinieblas		Efesios 6:12
Gran dragón escarlata		Apocalipsis 12:3
Hijo de perdición	Destrucción, ruina, desperdicio, pérdida	Juan 17:12
Hombre de pecado		2 Tesalonicenses 2:3
Ladrón		Juan 10:10
Lucero hijo de la mañana (estrella)		Isaías 14:12
Malo, maligno		Mateo 13:19, 38
Padre de mentira		Juan 8:44

Potestad de las tinieblas		Colosenses 1:13
Príncipe de este mundo		Juan 12:31; 14:30; 16:11
Príncipe del poder del aire		Efesios 2:2
Satanás	Hebreo: adversario; Griego: acusador	1 Crónicas 21:1; Job 1:6; Juan 13:27; Hechos 5:3; 26:18; Romanos 16:20
Serpiente		Génesis 3:4, 14; 2 Corintios 11:3
Serpiente antigua		Apocalipsis 12:9; 20:2
Tentador		Mateo 4:3; 1 Tesalonicenses 3:5

Notas de la traducción

a. Las Biblias en inglés, que utiliza la autora, expresan un carácter potencial que no surge en ninguna versión en español. "The thief does not come except to steal, and to kill, and to destroy. I have come that they may have life, and that they may have it more abundantly" (John 10:19, NKJV).

b. Como en la nota anterior, las versiones en inglés—NKJV y otras—tienen un matiz potencial. "Beloved, I pray that you may prosper in all things and be in health, just as your soul prospers. For I rejoiced greatly when brethren came and testified of the truth that is in you, just as you walk in the truth" (3 John 2-3, NKJV).

Bibliografía selecta

Biblesoft. *PC Study Bible* version 3. www.biblesoft.com. Hay versión en español.

Daniels, Kimberly. *Casa limpia o casa sólida*, Casa Creación.

Daniels, Kimberly. *Libre para alcanzar su destino*. Casa Creación.

Daniels, Kimberly.*¡Devuélvelo!* Casa Creación.

Daniels, Kimberly. *De adentro hacia afuera*. Casa Creación.

Daniels, Kimberly. *From a Mess to a Miracle*. Charisma House.

Daniels, Kimberly. *Spiritual Boot Camp*. Charisma House.

Daniels, Kimberly. *Cómo arreglar su casa espiritual*. Casa Creación.

Eckhardt, John. *Manual de liberación y guerra espiritual*. Casa Creación.

Eckhardt, John. *The Shamar Prophet*. Crusader's Ministries.

Fausset, A. R. *Fausset's Bible Dictionary*. Zondervan.

Lockyer, Herbert, ed. *Nelson's Bible Dictionary*. Thomas Nelson. (Nelson, Wilton M. comp. *Nuevo diccionario ilustrado de la Biblia*, Grupo Nelson, 1998)

Godfinder. www.godfinder.org.

Melton, Gordon J., ed. *Encyclopedia of Occultism and Parapsychology*, 5th edition. Thomson Gale.

Orr, James. *International Standard Bible Encyclopedia*. Hendrickson Publishers.

Unger, Merrill F. *The New Unger's Bible Dictionary*. Moody Publishers.

Wedeck, Harry E. *Dictionary of the Occult*. Wildside Press.

Wikipedia. www.wikipedia.org.

Strong's Exhaustive Bible Concordance online. http://www.biblestudytools.com/.

*Encyclopedia Britannica 2006 Ultimate Reference Suite DVD.*Britannica.

PRESENTAN:

Para vivir la Palabra

www.casacreacion.com

CASA CREACIÓN

Te invitamos a que visites nuestra página web donde podrás apreciar la pasión por la publicación de libros y Biblias:

www.casacreacion.com

Para vivir la Palabra